「いまある悩みがさっと消える」
9つの思考パターン

「こうあるべき」をやめなさい

和田秀樹

大和書房

あなたは、
こんなことを
考えたことは
ありませんか？

「上司として、部下のお手本となるべき」
「母として、家事も育児もきちんとするべき」
「人生は、仕事も遊びも充実させるべき」
「前向きで、いつも笑顔でいるべき」
「誰からも好かれる、いい人になるべき」
「規則正しい生活を送るべき」

あなたの近くに、
今挙げたような
「こうあるべき」という理想の人がいたら……。
もしかしたら、
その人は、
「こうあるべき」というプレッシャーに、
苦しんでいるかもしれません。

はじめに――ありとあらゆるプレッシャーから解放される「考え方」とは？

精神科医として、長年にわたって、多くの患者さんをみてきた私が、確信を持っていえることがあります。それは、性格を変えなくても、「考え方」を変えれば、人生に何が起きても、最終的には楽しく生きることができる、ということです。

つまり人は、起きていることで不幸になるのではなく、起きていることをどうとらえるかで、不幸になったり、幸福になったり、いくらでもできるのです。

がんばりすぎて疲れてしまう人、いつも強いストレスを抱えている人は、たいていい「こうあるべき」という思考にとらわれています。

先に挙げた例に加えて、

「人の悪口を言わない優しい人になるべき」

「つらいことから逃げないで、みんなからの期待に応えるべき」

このように、私たちの身の回りにあふれる「こうあるべき思考」を数え上げていったら、きりがありません。

「こうあるべき」にとらわれている人は、生き方が窮屈《きゅうくつ》です。「遊び」がないガチガチの人生を送っています。自分がどう生きたいかよりも、「こうあるべき」を優先しているからです。本当はもっと柔軟に生きてもいいはずなのに、あえて自分を追いつめる道を選んでいるのです。

私はこれまで、人の心についてさまざまな理論を学び、実際にいろいろな患者さんと接してきました。

やはり、心を悩む人の多くが、真面目すぎてがんばってしまうという傾向がありです。でも、完全主義から抜け出すことができれば、回復につながるということです。

ストレスを溜めずに、人生を自分らしく生きられるかどうかは、まさに「こうあるべき」をいかに減らせるかどうかにかかっているのです。

「こうあるべき」をやめるために重要なのは、思考パターンの切り替えです。

たとえば、東大からエリート弁護士にならなければ人生は終わり、という考えの人がいたとします。

「決まったルートで目的地に着くべき」と考えている人は、

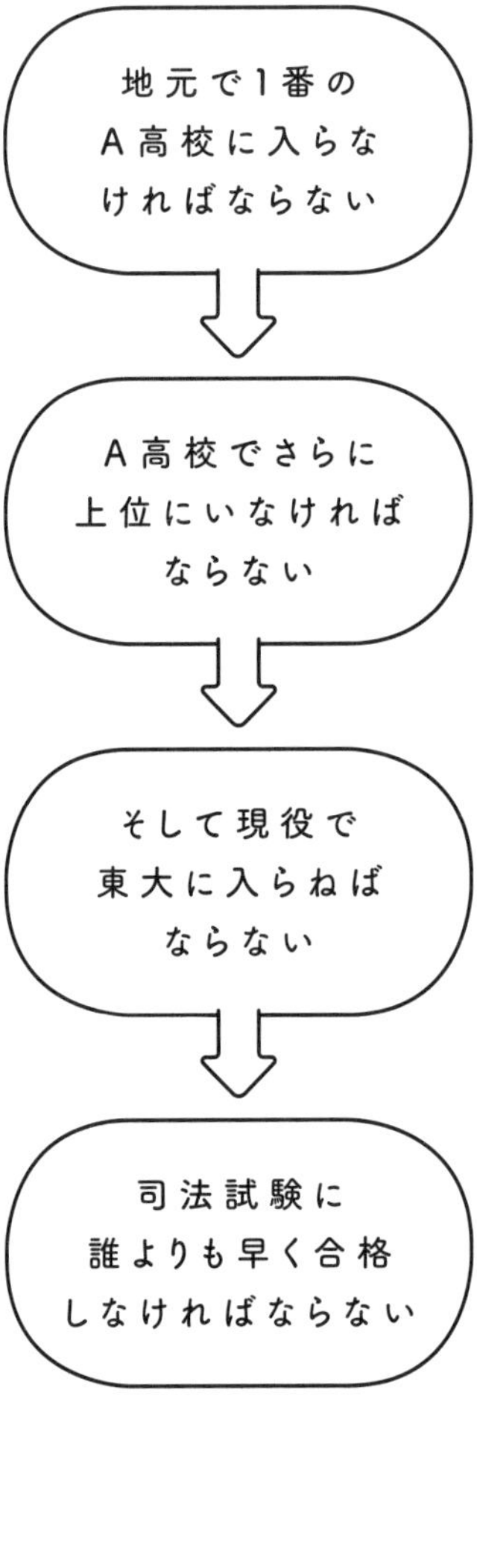
地元で1番の
A高校に入らな
ければならない
A高校でさらに
上位にいなければ
ならない
そして現役で
東大に入らねば
ならない
司法試験に
誰よりも早く合格
しなければならない

という一つの「**こうあるべき道**」をつくります。

しかし、「ゴールに着きさえすれば、どんなルートを使ってもかまわない」という思考パターンに切り替えることができたら、柔軟にいろいろな方法を試せるようになります。たとえ、Ａ高校にいけなくても、東大に落ちても、司法試験に落ちたとしても、結果として、よりよい方法を発見したり、もっとすばらしいゴールを見つけられたりするかもしれません。

なぜなら人生は、自分の思いどおりになることは、ほとんどないからです。

ほとんどないからこそ、おもしろいのですが。

まず、思考パターンを変えることで、人はプレッシャーから解放されます。そして心も健康になれます。これから本格的なＡＩ時代を迎えても、ストレスに押しつぶされることなく、幸せに生きていくことができます。

本書では、幸せに生きていくための代表的な思考パターンの切り替えを9つご紹介します。9つの思考パターンの切り替えは以下の通りです。

1 「こうあるべき」思考 ▼ **「そうかもしれない」思考**
2 「真実は一つ」思考 ▼ **「あれもこれも（それもあり）」思考**
3 「前例踏襲」思考 ▼ **「やってみなければわからない」思考**
4 「みんなにどう思われるか」思考 ▼ **「人は人、自分は自分」思考**
5 「今やらなきゃ」思考 ▼ **「最後にできればいいや」思考**
6 「完全主義」思考 ▼ **「合格点主義」思考**
7 「そうだったのか」思考 ▼ **「答えは常に変わっていく」思考**
8 「そうだそうだ」思考 ▼ **「ちゃんと調べる」思考**
9 「過去がどうか」思考 ▼ **「今がどうか」思考**

面白そうなところから読み進めてもかまいません。

どれか一つでも自分に役立つ思考が見つかったら儲《もう》けもの、というくらいのスタンスで読み進めてください。読んでいくうちに、自分がいかに物事を堅苦しくとらえていたかに気づかされるはずです。そして、**人生はもっと自由で柔軟なものである**、という事実に驚くに違いありません。

一度きりの人生を、自分のものとして、思う存分楽しむ。
本書がそのきっかけになることを願ってやみません。

和田秀樹

自分を不幸にする
思考パターンを断ち切る
9つの思考法！

精神科医としてお伝えします！

「こうあるべき」思考

1 **そうかもしれない** 思考

「これしかない」という思い込みが大敵。もっと柔軟でOK

「真実は一つ」思考

2 **あれもこれも（それもあり）** 思考

世の中グレーなことだらけ。どっちも正しいと思えたらラクになる

「前例踏襲」思考

3 **やってみなければわからない** 思考

あきらめたら確率はゼロのまま。ダメもとでチャレンジするクセを

「みんなにどう思われるか」思考

4 **人は人、自分は自分** 思考

他人との比較は不幸の始まり。意識的にマイペースに生きることが肝心

「今やらなきゃ」思考

↓

5

最後にできればいいや

＿＿＿＿＿＿思考

焦ってやると、だいたい失敗する。
回り道を恐れずしっかり生きよう

「完全主義」思考

↓

6

合格点主義

＿＿＿＿＿＿思考

もともと満点は不可能。
「できない」と割り切れば
自信が生まれる

「そうだったのか」思考

↓

7

答えは常に変わっていく

＿＿＿＿＿＿思考

時代が移れば常識も違って当然。
大切なのは学び続けることだ

「そうだそうだ」思考

↓

8

ちゃんと調べる

＿＿＿＿＿＿思考

誰だって間違うことはある。
疑ってかかるくらいで
ちょうどいい

「過去がどうか」思考

↓

9

今がどうか

＿＿＿＿＿＿思考

過ぎたことは誰にも
変えられない。未来のシナリオは
自分しだいだ

「こうあるべき」をやめなさい　もくじ

はじめに――ありとあらゆるプレッシャーから解放される考え方！　4

第1章 「こうあるべき」思考　「そうかもしれない」思考

生きるのがつらくなる思考パターンを持つ人の特徴　28
「性格は変えられない」からこそ／対症療法でなく「原因療法」／「二分割思考」はうつ病になりやすい

幸せになる道は一つではない 34
うつ病の原因はセロトニン不足？／「森田療法」は、手段よりも目的重視／他の道は「いくらでも」ある

受験で頭が良くなる人と悪くなる人の違い 39
自分の頭で考えられない東大生／答えが出れば、どんなやり方でもいい／よりよいテクニックを見つけ出そう

人はいつでも変わることができる 44
不純な動機で医者を志した私／医者のなかのヒエラルキー／異業種の人が映画をつくるから面白い

他人は変えられないけれど、変えてみようとしてもいい 49
「話せばわかるは大嘘《おおうそ》」である／「ポジティブな可能性」を信じてみる

第2章

「あれもこれも（それもあり）」思考

「真実は一つ」思考

大人になるとは「世の中はグレーだ」と知ること 54
「認知的成熟度」とは何か／あいまいな発言を嫌うテレビというメディア／「突っ込み」を入れながらテレビを見る

「自分の正しさ」を他人に押しつけてはいけない 59
「1分の遅刻」で激怒する人／否定されても「それもそうだな」と思えるか？／自説を押しつけても傷つけるだけ

勉強もスポーツも両方やっていい 65
運動が苦手な自分にも「チャンス」をくれた先生／

受験勉強で協調性はなくなるのか

「リスクヘッジ」という発想を持つ 69
「自分にできそうなこと」は何でもチャレンジ／会社にしがみつかない生き方

100パーセント正しくはないなかで選択肢を選ぶ 73
「こういう意見もある」と知るだけで儲けもの／「自分は正しい」と思っている人の怖さ

相乗効果でレベルアップは可能 78
「あれもこれもやる人」への偏見／「引き出しが多い」から視野が広がる

経験のなかからベターな答えを見つける 82
私が精神科医になった理由／型にはめた治療を行った結果……

第3章

「前例踏襲」思考

「やってみなければわからない」思考

「やってみなければわからない」は日常にたくさん転がっている 88
あきらめたら確率はゼロのまま／チャレンジしても損をすることはない／「やってみた」経験は人生に役立つ／人生は、何が起こるかわからない

ビジネスで成功する人は「やってみる」を徹底している 94
セブン-イレブンのチャレンジ精神／マクドナルドの「3回商売にチャレンジしてみろ」

成功したあとも「やってみる」を続ける 98
常に成功を続ける経営者の秘密／ドトールコーヒーのチャレンジが教えてくれること／

できる人よりも「やった人」がえらい

世の中には「結論の出ていないこと」がたくさんある 104
ユニークな見解を持つ近藤誠先生／どっちの意見が正しい？／
証明するには比較試験が必要／わからないことは、とにかく検証してみる

「学者の間違い」から何を学ぶべき？ 110
降圧剤には効果があるのか？／エビデンスに基づく欧米の医療／
「ディオバン事件」を知っていますか？／データがないのに信じられている理由

「常識」にも疑いの目を向けてみる 116
「メタボ」のほうが長生きできる？／動物実験の結果は正しいのか／
マスコミも前例踏襲に染まっている

第4章

「みんなにどう思われるか」思考

「人は人、自分は自分」思考

上手な「負け方」を知っておく 122

「うまくいかなかったとき」の対処法／「落としどころ」を見つける

他人と同じなら不幸に感じない日本人 126

みんなの給与が下がれば不満に思わない／「損したくない」という心理の強さ／日本人の「学力」が下がっている!?

他人と比べて、勝とうとすることの「無意味」 130

私が偏差値を否定する理由／他人と比較するという発想の貧しさ

第5章

「今やらなきゃ」思考 →「最後にできればいいや」思考

お金という価値観がすべてではない 134
「勉強」は地位向上のためにあった／オタクにこそ「幸福」がある理由

「自分がやるべきこと」にできるだけ早く着手する 138
「自分のペース」を大事にしよう／マイペースになれば、焦らない

今すぐ結果を出さなくていい 144
「スピードが命」のプレッシャー／焦るから、判断を誤る

人生の選択も、今焦らなくていい 147
焦って選択するから失敗する／人生を俯瞰してとらえる視点

「できるところ」まで引き返す勇気 151
「どこまで戻れば一番になれる？」／「今日中に終わらせなければならない」は本当？

「人生の頂点」はいつがいい？ 155
見舞客がとぎれない人の理由／出世から脱落しても問題なし／47歳で映画監督デビューしたメリット／いつから始めても遅くはない

将来のために努力する意味 161
不安を持ったときの二つの対処法／会社にしがみついても意味がない／エリート銀行を見限った同級生／難関大卒だけど看護学校へ

今が嫌だったら逃げ出していい 166
楽しそうなマイルドヤンキー／「今のこの世界」がすべてではない

「目的を持っている人」だけに学べること 170
「気骨ある政治家」は教えてくれる

第6章

「完全主義」思考 → 「合格点主義」思考

満点を取らなくても東大に合格できる 176
「290点取ればいい」／得意分野だけ伸ばす／「完璧な仕事などない」と割り切る

「長所だけ伸ばす」という発想を持つ 181
人は「自分の短所」が見えにくい／満点を取ろうとするから落ち込む

傲慢《ごうまん》な人ほど、「負け」を認められない 184
自分の「負け」を認められない人／「負け」を認められる人の強さ／「負けてはいけない」は本当か？

「できないものはできない」と割り切る 188
「できない」という余裕が自信につながる／不運は人生の転機となる

「自分がいないと、みんなが困る」？ 192
「期待されている」は思い込み／ときには手を抜いてもＯＫ

これからは「不完全」を楽しむ時代 196
ＡＩ時代に起こること／心身ともに休める人・休めない人

第7章

「そうだったのか」思考

「答えは常に変わっていく」思考

価値観は時代とともに変わる 202
車の運転が「趣味」になる時代／「働きたい者だけが働く」とは？／生産と消費が逆転すると、どうなるか

「身近な健康常識」も常に変わっていく 207
マーガリンは健康食品だった／医学の進歩が常識を変える

常に「新しいことを勉強する人」が強い 210
考え方が変わるのは当然／40年前の東大生が優秀とされる不思議／

新しい理論を常に勉強しよう

「新しいアイデア」を出せる人 214
大切なのは「こんなものが欲しい」という発想力／主婦こそビジネスリーダーになるべき

第8章

「そうだそうだ」思考

「ちゃんと調べる」思考

人間には他人と同調する習性があるから 220
「空気を読め」という圧力／圧力がなくても同調してしまう理由

人は信じろ、情報を疑え 223
二大ベストセラーが教えてくれること／人は「善意で」間違いを口にする／

いい人もウソの情報を言うことがある／ナイーブな人はバカにされる

「権威」の言うことを、信じてはいけない 228
ノーベル賞受賞者＝教育の権威？／「権威」を信じすぎるのはリスクが高い

大人になってから勉強をやり直す価値 231
なぜ「日本の大学」は海外で不人気なのか／「そうだったのか！」で終わりにしない／独学で「高等教育」をやり直そう

第9章

「過去がどうか」思考 → 「今がどうか」思考

過去は変えられないが、未来はどうにでもなる 238
「人生のシナリオ」は無限にある／今、頑張ることが大切

「考え方」が変わってもいい　241
「自分の発言」に縛られる人たち／ビートたけしさんの鋭い発言

「肩書き」に振り回されない　245
権威を「ありがたがる」人たち／肩書きよりもデータを信じる

プライドを捨てたら人生は身軽に！　249
「青島幸男」という才能／もう一度「意地悪ばあさん」にカムバック／過去にしがみつかない潔さ

おわりに　252

第1章

「こうあるべき」思考

「そうかもしれない」思考

「これしかない」という思い込みが大敵。
もっと柔軟でOK

生きるのがつらくなる思考パターンを持つ人の特徴

「性格は変えられない」からこそ

精神医学や心の治療の考え方の一つに「人の性格は変えることができないけれども、ものの考え方や受け取り方を変えることはできる」というものがあります。

たとえば、猜疑心《さいぎしん》の強い男性がいたとしましょう。

彼は、自分の奥さんが男性と会話をしているだけで「浮気をしようとしているんじゃないか」と疑いの目を向けます。

友人から「君にぜひいい話を教えたいから聞かない？」と言われたら、「俺をだましてお金を巻き上げようとしているに違いない」と勘ぐります。

こういう猜疑心の強さは、世間的には「性格」といわれ、生まれつきによるものと受け止められがちです。

けれども、実際には人生経験によるところが大きいものです。

5000円を目の前にして「5000円もある」と思うか「5000円しかない」と思うかは、物の受けとめ方の違いであり、経験によって変わる可能性があるのです。

この考えを、うつ病の治療に活用したのがアーロン・ベックというアメリカの精神科医です。彼はもともと精神分析家だったのですが、アルフレッド・アドラーの影響を受けて、うつ病の認知療法を確立しました。

ベックは、悲観的な考えを持っているうつ病患者に対して、その悲観には根拠がないことを説き、うつ病を克服させたという実績の持ち主です。

物の受けとめ方を変えることで、うつ病を治したというわけです。

対症療法でなく「原因療法」

病気の治療法には原因療法と対症療法とがあります。対症療法とは、風邪を引いて熱が出たり咳をしたりしている人に対して、咳止めや熱冷ましを処方するといった治療法のこと。要するに症状を薬で抑えようとしているだけで、対症療法しかできない医者は腕の悪い医者であると評されます。

これに対して、原因療法とは、病気の原因を探った上で、それを改善する治療法のこと（残念ながら風邪に関しては原因治療がないのですが）。原因治療ができる医者こそが優秀であるとされています。

うつ病の場合でいえば、うつ病の人が不眠症になったときに睡眠薬を処方するのが対症療法です。対症療法では根本的な解決にならないので、うつ病そのものを薬で治すことが理想的な治療だと考えられてきました。

これに対して、アーロン・ベックはうつ病患者が**悲観していることには根拠がない**

とわからせることで治療する、という新たな方法を発見しました。これが前述した認知療法です。それまでは悲観はうつ病の症状なので、それを矯正するのは対症療法と考えられていました。ところが、現在では、考え方を変えるほうが薬より根本的治療と考える人もいるくらいになっています。

「二分割思考」はうつ病になりやすい

ベックは、その後、うつ病の研究を進めていくうちに、うつ病になりやすい思考のパターンがあるという事実を突き止めました。その思考パターンの一つが「二分割思考」と呼ばれるものです。

これは、**物事や人を、正義と悪、敵と味方などを完全に分ける思考法**です。一般的には、「あの人は80パーセントは自分の味方になってくれるけど、20パーセントは敵対する部分もある」という具合に、スペクトラムにものを考えているのですが、二分割思考の人はそうではありません。

うつ病になりやすい

二分割思考とは？

ですから、味方だと思っていた人からちょっとでも批判されると、「あいつは100パーセント敵だ」と決めつけてしまうのです。

そして、もう一つ、うつ病になりやすい思考パターンが**「○○でなければならない」という思い込みが強い、「こうであるべき」思考**です。

たとえば「男性である以上は、妻子を養っていくべき」という思いが強すぎる人が、いったん失業をしようものなら、「自分はもう生きている価値がない。人間のクズだ」などと悲観し、うつ病になってしまうことがあります。

また、「介護は他人に頼るのではなく、家族でやるべきものだ」という人が、仕事と介護を両立しきれず退職したり、自分が病気になったりするケースもあります。

こういった思考パターンを治すことで、うつ病の症状は改善し、再発しにくくなる効果があります。それどころか、うつ病でない人でも思考パターンを変えることで、うつ病の予防につながることがわかってきたのです。

「こうあるべき」と考える人は、生きづらくなりやすい

幸せになる道は一つではない

うつ病の原因はセロトニン不足？

日本では脳科学と認知科学が混同してとらえられがちですが、両者は別物として研究されています。簡単にいえば、脳をハード面から研究するのが脳科学であり、ソフト面から研究するのが、認知科学や心理学です。

脳科学と認知科学が混同されてきたように、精神医学の世界では、うつ病や統合失調症は長らくハードの病気として考えられてきました。

要するに、これらの病気は脳内の神経伝達物質の異常から起きているものであり、伝達物質の異常を治せばよいと思われてきたわけです。けれども、最近では、少なくともう**うつ病に関してはハードの病気というよりソフトの病気ではないか**と考える人も増えています。

たとえば、従来はセロトニンという脳内の神経伝達物質が減ることでうつ病が引き起こされると考えられてきましたが、どうやら、うつ病になったからセロトニンが減っているのではないかという説が唱えられるようになってきました。

それまでは、セロトニン不足を薬で治すのが、うつ病の原因療法だと考えられてきました。しかし、実際には対症療法だったのかもしれません。

風邪を引いている人に、咳止めや熱冷ましの薬を処方するのが対症療法だと前述しました。対症療法は場当たり的な措置と見られますが、現実に、薬を飲むことで症状がラクになって人が持っている自然治癒力が高まり、風邪が早く治ることがよくあります。

同様に、**うつ病の薬を飲んでセロトニンの量を元に戻すという対症療法**が、うつ病の改善につながっていた可能性はあります。

「森田療法」は、手段よりも目的重視

うつ病がソフトの病だとして、その治し方にはいろいろな方法論があります。精神科医によるカウンセリングにもさまざまな流派があり、その一つに挙げられるのが森田療法です。森田療法とは、日本の精神科医である森田正馬《まさたけ》によって創始された神経症に対する精神療法です。

森田療法は、アドラー心理学と似たところがあり、目的を達することができれば手段は問わない、手段にこだわるから病気になるという考え方をとります。

森田正馬の治療法として典型的なのが、顔が赤くなることで悩んでいる人を治療に導いたときのアプローチです。顔が赤くなることで悩んでいる人に対して、森田は「あなたはどうして顔が赤くなるのが嫌なの?」と尋ねます。

患者が「顔が赤いと人に嫌われるからです」と答えると、森田はこう言います。

「じゃあ、人に好かれることができれば、顔は赤くてもいいわけだよね」

患者が「いや、こんな顔が赤くなるような人間が好かれるわけがないじゃないですか」と反論すると、森田的な治療者であれば、こうつづけるのです。

「私は、顔が赤くても人に好かれている人を知っているし、逆に、顔が赤くなくても嫌われている人は山ほどいますよ。だから、顔が赤くなるのを治すことよりも、人に好かれる方法を考えましょう。たとえば、話術を磨くとか、笑顔を絶やさないとか、『僕は好きな人の前で話すと、つい顔が赤くなっちゃうんです』と言い訳を言うとか、方法はいろいろありますよ」

他の道は「いくらでも」ある

要するに、「こうであるべき、これしかない」という思考にとらわれるからうつ病になるのであり、もっと柔軟にいくつも道があると考えたほうが生きやすくなるのは確かです。

たとえば、開成高校から東大を経て財務省の官僚になった人が、仕事でミスをして出世コースから外れ、そのことを苦にして自殺した――。

そんなニュースを耳にしたとき、多くの人は「エリートの人は挫折を知らないから安易に自殺という手段を選んでしまったのだ」と言います。しかし、私は挫折を知らないから自殺をしたのではなく、**生きる道はほかにたくさんあるのに気づかなかったから自殺した**のだと思うのです。

開成高校に合格できなかったとしても、別の高校から東大を目指せばいい。東大に合格できなかったとしても、財務省に入る道はある。財務省で出世できなくても、テレビキャスターとして活躍することもできるし、大学教授になることも、外資系企業に転職して収入を増やすこともできる。「幸せになる」というのを最終的なゴールにすれば、いくらでも道はあるはずです。「幸せになるにはこの道しかない」と思っている人は、たとえ東大を卒業していても、財務省のエリート官僚であったとしても、頭の良い人とは言いがたいでしょう。

「他に道がある」と思えれば、ラクに生きられるようになる

受験で頭が良くなる人と悪くなる人の違い

自分の頭で考えられない東大生

東大に合格した人のなかにも、自分の頭で柔軟に答えを見つけることができず、社会に出てから苦労する人がたくさんいます。

学校の先生に言われるがまま、何の疑いもなく勉強をして、たまたま成績が良かったから東大に合格できただけ。

自分で勉強のやり方を工夫したり、先生に逆らって自分の意見を持ったりする経験がないことに最大の原因があります。

この状況を改善すべく、政府は大学入試制度改革に着手しました。2014年に中央教育審議会が出した答申は、知識量のみを問う「従来型の学力」を否定し、「生きる力」を身に付けさせることの重要性をうたっています。

そして、具体的な制度改革として、センター試験の代わりに新しく「大学入学共通テスト」が導入され、各大学が個別に採用する入学者選抜では、小論文、面接、プレゼンテーションなど、多面的な選抜方式をとることが進められています。

センター試験では、マークシート方式を記述式に替えて、受験生の思考プロセスを見る。一見すると、よい改革のように思えます。

しかし、思考プロセスを評価することには、大きな危険をはらんでいます。

私は、この入試制度改革が、思考プロセスの多様性をうながすどころか、むしろ思考プロセスをワンパターンにしてしまうのではないかと危惧しています。

答えが出れば、どんなやり方でもいい

本来、大学受験は答えさえ合っていれば、どんなプロセスで問題を解いてもいいの

です。

しかも、東大理Ⅲの受験でも、満点を取らなくても7割の問題に正解すれば合格できます。一つの問題を解けなければ、その問題を放っておいて別の問題を解く方法だってあるのです。

「合格基準点を満たせば、何をしたっていい」

そう考えれば、意外に奇抜なアプローチを試すことができます。私自身、数学の解法をひたすら暗記して解く「暗記数学」という手法を採用（実は私の発案ではありません）したことで、東大医学部に合格できましたし、その後、勉強法の通信教育を作って、多くのいわゆる「無名校」出身者たちを東大や医学部合格に導くこともできたわけです。

つまり、**「生きる力」を本当に身に付けさせたいなら、「答えを出すためにどんなやり方をしてもいい」と教えたほうが効果的**です。もっと言えば、答えが一つではないことを教えるべきでしょう。

「大学入試では、この答えが正解とされているけれど、実際の学問ではいろんな説が唱えられている。学問の答えはけっして一つではないし、答えを覚えることと勉強とは違うんだよ」

先生たちがそう教えてこそ、本当の教育といえるはずです。

プロセスの多様性を教えないまま、面接や小論文で評価しても、結局は受験生をある種の「型」にはめ込むだけ。

受験塾などでプレゼンテーションの型を学んだ人が評価される結果に終わるだけではないかと恐れるのです。

よりよいテクニックを見つけ出そう

受験を「合格するためのゲーム」として取り組んでいる人と、学校や親に言われるがまま受験勉強をしている人とでは、頭の良さがまったく異なります。

要領のいいテクニックを見つけて合格した人のほうが、その後、柔軟に生きられる可能性ははるかに高くなるはずです。

にもかかわらず、テクニックを「手抜き」として馬鹿にする風潮があるのはなぜでしょう。

テクニックを軽んじる人たちは、たった一つの「正しい」勉強法、たった一つの正解、たった一つのプロセスにこだわります。

結果として、生き方そのものを息苦しいものにしています。

前述したように、幸せになるプロセスなどいくらでもあるのに、開成から東大、中央省庁などといった一つの道にこだわってしまう。だから、そのプロセスがうまくいかないとわかった瞬間、人生にまで絶望してしまうのです。

「このやり方もあるかも！」と考え、いろいろな方法を試してみよう

人はいつでも変わることができる

不純な動機で医者を志した私

私は高校時代、映画の魅力にとりつかれ、「映画監督になる」という夢を持ちました。夢を実現させるにはお金が必要だと気づき、映画づくりの手段として自由業でお金を得られる医者の道を目指しました。

言ってみれば、不純な動機で医者を志したわけです。東大に進学してからもライター業と映画の使い走りのアルバイトに明け暮れ、授業にはろくすっぽ出席していませんでした。

とはいえ、最低限の勉強はしないと進級ができなくなります。試験直前になると、友だちからノートを借りたり、試験対策問題集をもらったりするために、医学部生が集まるコンパに参加する機会がありました。

そうした席でも、私が映画制作のアルバイトに没頭し、映画づくりのために医学部に入ったという噂《うわさ》が広まっていたのでしょう。

同席していた学生たちから説教をされた記憶があります。

「おい、和田。お前は映画に夢中になっているみたいだが、お前みたいなやつが医学部に入ったから、人の命を真剣に救いたいという人が一人、医学部に入れなかったんだぞ。それをわかっているのか」

言われてみれば、もっともな話です。当時の私は「すみません」と謝り、どうにかノートを借りて進級していました。

医者のなかのヒエラルキー

そうやって、私は無事に国家試験をクリアして、医師になることができました。動機は不純でしたが、医師になってからは師に恵まれました。たまたま選んだ老年精神医学の道が、競争相手も少なく、臨床で患者さんをよく診れるのが嬉しくなり、一生懸命勉強し、仕事は真面目に取り組んできたつもりです。

時を経て、かつて私に説教をしていた人たちと会ってみると、なにやら彼らの様子が変わっていました。私が、病院勤務で往診までしていると言うと、馬鹿にしたような態度をとられることもありました。

「なんで東大まで卒業して、臨床医なんかやっているの？」

おそらく教授に言われるがままエリートコースを歩むうちに、医学部の教授になることこそがすべてであり、臨床より研究のほうが大切、それ以外の道は取るに足らない、という価値観を身に付けてしまったのでしょう。

この経験から、私は医者になる、最初の動機など、どうでもよかったことに気づきました。「人の命を救いたい」という動機で医者になったかどうかよりも、実際に人の命を助けたり、患者さんの具合をよくしたりしている医者のほうが優れた医者であると思うのです。

人間は後からいくらでも変わることができます。いい先生の指導を受ければ、いい医者になりますし、つまらない先生のもとで学んだら、出世にしか興味のない、つまらない医者になるだけかもしれません。

私が医学部の入試面接に反対なのも、最初の動機よりも、入学してからの学び方のほうがはるかに重要だと考えているからです。入試面接で、志の高い学生だけを選抜すればいい。その発想は、逆に教育で志を高めることを放棄しているようにすら思えるのです。

異業種の人が映画をつくるから面白い

動機や最初の入り口はどうであれ、人はいつからでも成長ができます。

たとえば、精神科医である私が監督として映画を撮ると、日本では「医者が片手間で取り組んだ道楽」に近い扱いを受け、評論家からもまともに評価してもらえない現状があります。

彼らにしてみれば、最初から映画一筋で活動してきた監督の作品しか評価に値しないということなのでしょう。

一方で、海外の映画祭に作品を出品すると、まったく扱いが異なります。海外では「精神科医が監督した作品」だということで、逆に注目が集まります。精神科医ならではのユニークな視点で監督しているのだろうと期待されるわけです。

理屈では**「広い視野を持ちなさい」という人はたくさんいますが、そういう人に限って「こうあるべき」で物事を語りがちです。**

そうあるべき思考の人は、動機にこだわります。

これに対して、「そうかもしれない」思考の人は、動機を一切問いません。後からいくらでも軌道修正できると考えているからです。

「そうかもしれない」思考の人は、いつでも人生をやり直せる

他人は変えられないけれど、変えてみようとしてもいい

「話せばわかるは大嘘《おおうそ》」である

養老《ようろう》孟司《たけし》先生は、超ベストセラーの『バカの壁』で、「話せばわかるは大嘘」だと書いています。

『バカの壁』には、大学の授業で、養老先生がそれを痛感した実体験が紹介されています。**ある夫婦の妊娠から出産までを追ったドキュメンタリー番組を見せ、学生たちに感想を求めたところ、男子学生と女子学生ではまったく異なる反応が出た**というのです。女子学生のほとんどは、「新しい発見がたくさんあった。勉強になった」という感想を述べました。これに対して男子学生は「こんなのは保健の授業ですでに知っ

ていることばかり」と言います。同じ映像を見たのに、男女で正反対の感想を持ったのです。

この違いは、与えられた情報に対する姿勢の違いだといいます。つまり、**男性は出産に実感を持ちたくないから、ビデオを見ても発見をしようとしない**。自分の知りたくないことについては、情報をシャットアウトしてしまっている。ここに一つの「バカの壁」があるというわけです。

「ポジティブな可能性」を信じてみる

他人を変えられると思うのは、幻想です。

自分を変えることはできても、他人を変えることは、まずできません。だから、相手を徹底的に論破したり、自分の思いどおりに屈服させたりしようとしてもうまくいきません。

とはいえ、相手を説得できる可能性はあります。逆に説得されるかもしれないので、ダメもとで相手に意見を言ってみるのはOKです。**「かもしれない」はポジティブな可能性に使うものであり、「かもしれない」のせいで萎縮するのはもったいない行為です。**

もちろん、どう考えても相手を傷つけるような発言をするのは問題ですが、
「こんなことを言ったら、叱られるかもしれない」
「あんなこと言ったら、きっと嫌われるかもしれない」
などと萎縮《いしゅく》ばかりしていると、せっかくのチャンスまで失います。

嫌われるかもしれないけれど、相手が納得してくれるかもしれない。ポジティブな可能性を信じられるのであれば、とりあえず試してみればよいのです。

世の中に絶対ダメなどということは存在しません。相手を説得してみるのはOK。ただし、説得できなかったとしても腹を立ててはいけません。得する可能性を試しただけだし、「この説得法ではうまくいかないと学んだ」と思えばいいのですから。

相手は思いどおりに変えられないが、変えようとチャレンジする価値はある

第2章

「真実は一つ」思考

「あれもこれも（それもあり）」思考

世の中グレーなことだらけ。
どっちも正しいと思えたらラクになる

大人になるとは「世の中はグレーだ」と知ること

「認知的成熟度」とは何か

心理学に、「認知的成熟度」という言葉があります。これを説明するために、わかりやすい事例を挙げることにします。

たとえば、少し食べると薬になるけれど、たくさん食べると毒になる草があったとします。

動物の群れの一頭が、この草を大量に食べて死んでしまった場合、その動物の群れは、二度とその草を食べなくなります。量という概念のない動物にとってみれば、この草は毒だと認識して近づかないほうが安全だからです。

小さい子どもも同様です。小さい子どもも量という概念がないので、たくさん食べると危険な食べ物は、親が隠して食べさせないように気をつけます。

子どもが成長して物事が理解できるようになってくると、親が「これはたくさん食べると毒になるけど、少し食べる分にはいいよ」と教えれば、子どもは理解して適量を食べられるようになります。

このように、**量の概念を理解できるようになったとき、人は「認知的成熟度」が高くなったと評価できます。**

同様に、**「白と黒の間にはグレーがある」「グレーといっても、濃いグレーもあれば薄いグレーもある」「世の中には答えを明確にできない問題がたくさんある」**と理解できるようになることが、大人になることでもあるのです。

あいまいな発言を嫌うテレビというメディア

ところが、実際には多くの人が知らないうちに不適応思考に陥っています。

その原因の一つがテレビです。

テレビのニュースやワイドショーは、わかりやすい一つの答えを提示しようとします。たとえば、殺人事件が起きたとき。当事者でない視聴者は、ほんらい容疑者の動機を憶測でしか語ることができないはずです。

「Aという可能性もあれば、Bという可能性もあります。あるいはCなのかもしれません」

私がテレビ局からコメントを求められたら、このように、どうしても複数の可能性を語らざるを得ません。その可能性をいくつも想定できることがプロだとも思っています。

けれども、テレビはあいまいな発言を嫌います。どれか一つの答えを要求されるか、一つの答えだけを切り取って放送されるか、どちらかです。わかりやすいことがすべてであり、実際の答えなどはどうでもよいのでしょう。

テレビでは、一度「正義の味方」となればとことん持ち上げられるし、逆に一度悪者と決めつけられたら容赦《ようしゃ》なくバッシングされる傾向があります。

小池百合子都知事などの扱いを見ればよくわかります。２０１７年の都議選で大勝したころまで、彼女は間違いなくヒロインとして持ち上げられていました。彼女自身、都議会自民党を悪役とした「小池劇場」を展開していたのですから、当然といえば当然です。

しかし、わずか数か月後の衆院選では一転して悪役の扱いを受け、自ら率いた「希望の党」は惨敗という結果に終わりました。

「突っ込み」を入れながらテレビを見る

テレビ報道にかかわる人たちにしてみれば、小池氏が成功しても失敗しても、わかりやすく刺激的なニュースになれば、どちらでもよかったのではないでしょうか。

そういうスタンスで情報を伝えるテレビを見続けていたら、不適応思考に陥《おちい》るのは無理もないことです。

私が子どものころは、「受験勉強ばかりしていると人間的に問題がある子に育つ」といった類《たぐ》いのニュースが放映されていたりすると、両親のどちらかが、「テレビではこんなこと言ってるけど、まともに信じていたら後々馬鹿を見ることになるよ。学歴があったほうが絶対に得に決まっているじゃないか」などと、ブラウン管に向かって悪態をつくのが常でした。当時は、他の家庭でも似たような会話がなされていたように思います。

ところが、今はテレビの言うことを鵜呑《うの》みにして「北朝鮮は100パーセント悪で、アメリカは正義」などと言う親が多いのではないでしょうか。認知的成熟度が後退しているように思えてなりません。

答えは一つではなくて、いろいろな可能性がある

「自分の正しさ」を他人に押しつけてはいけない

「１分の遅刻」で激怒する人

自分の正しさにこだわる人は、しばしば他人と衝突を引き起こします。

たとえば、「社会人として時間を守るのは当然。待ち合わせの場所には5分前に到着しておくべき」と考えているAさんがいたとします。

そんな人が、同僚のBさんと駅で待ち合わせをしました。駅で落ち合ってから一緒に商談先に向かう予定だったのです。

Aさんは10分前には到着し、後輩が来るのを待っています。けれども、Bさんはなかなかやってきません。ついには約束の時間を経過し、Aさんはいよいよしびれを切らします。そして、遅れること1分。Bさんは、小走りもせず悠々とAさんが待つ改札口へと歩いてきました。

ここでイライラしたAさんが思わず文句を言います。

「おい、なんで約束の時間を守れないんだ？　1分遅れているぞ。そもそも社会人として待ち合わせ場所に5分前に到着するのは当然じゃないか！」

これに対してBさんも応戦します。

「5分前が常識なんて勝手に決めないでくださいよ。電車の都合で1分くらい遅れることだってあります。ちょっと遅れたくらいでそこまで言われるなんて……」

ついにAさんの怒りは爆発。思わぬ言い争いに発展してしまいました。

否定されても「それもそうだな」と思えるか？

このように違う価値観を持つ人から批判されると、カチンときたり、すぐ口げんかに発展したりする人がいます。

たしかに自分の価値観を否定されるのは気分のよいことではありません。私だって、自分の意見を真っ向から否定されたら内心、不愉快になることがあります。

ただ、そういうとき私は「**それもそうだな**」と思うようにしています。

「自分とは違うけど、そういう価値観もある」

「どちらが正しいわけでもなく、どっちも正しい可能性があるのだ」

と受け止めるのです。

自分の意見を絶対視すると、批判されたり否定されたりしたときに、怒りの感情がわいてきます。

しかし、冷静に考えれば相手の主張にも一理あります。

カチンときても感情のまま反論せず、いったん「それもそうだな」と心の中でつぶやいてみるのをおすすめします。

どちらも正しいと思えれば、ムキにならずに済みます。相手との衝突も回避できるはずです。

自分と違う意見にも、
「それもそう」と思ってみるクセを

自説を押しつけても傷つけるだけ

相手から批判されたとき以外にも、自説を押しつけるのは控えたほうがよい場面はたくさんあります。

たとえば、男の子の子育てをしている女性が、久しぶりに再会した大学時代の友人（女性）からこう言われました。

「男の子は手がかかるし、将来、親の面倒もみてもらえないから大変だね〜」

その友人には娘がいて、女の子より少々やんちゃな男の子に偏見を持っていました。相手を積極的に傷つける意図はなかったのかもしれませんが、自説を主張することで相手の立場を否定しています。**はっきり言って余計なお世話です。**

当たり前の話ですが、男の子の子育てにも女の子の子育てにも、それぞれの良さがあります。もちろん、子育てをしない人生にも価値はありますし、人生は多様であってよいはずです。

自分がよいと思ったことでも、人に伝えるときは注意しよう

子育てに限らず、世の中には絶対的な正解のないことがたくさんあります。仕事のやり方や家族との関係の持ち方、プライベートの過ごし方など、自分とはまったく異なる価値観のもとに生きている人はたくさんいます。

人はそれぞれの事情のもと、それぞれの人生を生きています。自分の価値観から外れている人を哀れんだり、かわいそうと思ったり、その気持ちを口にしたりするのは失礼だし、避けるべきです。

悪気はなくても、相手は自分を否定されたような気持ちになります。

自分の価値観に基づいて発言するときには、相手を傷つけないように注意しましょう。トラブルを回避するためには、相手の立場を想像してみる気持ちが大切です。

勉強もスポーツも両方やっていい

運動が苦手な自分にも「チャンス」をくれた先生

子どものころの私は、スポーツが大の苦手で、常に体育の先生からは嫌われる子どもでした。体育の先生にはいい思い出がまったくないのですが、小学生だったころ、**たった一人だけ、いい先生がいたのを思い出しました。**

その先生は、体育で野球をすることになったとき、私に監督をやらせてくれました。バッティングや守備では活躍できないかもしれないけれど、監督として作戦を立てたり、チームのメンバーに指示したりするなら活躍の余地はあると見込んでもらったのです。

小学生にとって野球のルールはけっこう複雑です。私は、タッチアップや振り逃げなど、細かいルールを駆使して点数を稼ぐ作戦を立て、なんとかチームを勝利に導きました。

相手チームからは「細かい」とか「ずるい」などと言われましたが、勝利の高揚感は、そういった非難をはね返して余りあるものでした。

私はゲームに勝利したことよりも、活躍の場を見いだしてもらったことが純粋に嬉《うれ》しかったのです。

今となっては体育の先生の名前も思い出せませんし、人生においてごく淡い関わりでしたが、私はその体験を通じて、人は輝ける場があるのを学んだような気がしています。

スポーツができないからといって、スポーツにかかわるすべてに居場所がないわけではない。簡単にあきらめず、もっと貪欲になってもいいと知ったのです。

受験勉強で協調性はなくなるのか

「受験勉強をしていると他人との協調性がなくなる」とか「性格が悪くなる」という説を唱える人がいます。そのせいか、私自身、子どもを持つ親御さんから「勉強に力を入れて大丈夫でしょうか」などと相談を受けることがあります。

実に大きな誤解です。冷静に考えてください。

勉強ができる子のなかにも、できない子のなかにも、コミュニケーション能力が低い子はいます。受験勉強をしているから、コミュニケーション能力や共感能力が低下するわけではありません。

コミュニケーション能力を高めたいなら、受験勉強をしながら、コミュニケーションを高める教育をすればいいのです。

「勉強ができる子は、スポーツができない」

「スポーツができる子は、勉強ができない」

これらは、いったい誰が決めつけたのでしょうか。

勉強もスポーツも、どっちも追い求めてもよいはずですし、実際に追い求められるはずです。

勉強に時間をとられるとスポーツに時間が割けなくなる。「できない理由」を言えばきりがありませんが、効率的に勉強をすれば、多少ともスポーツの時間をつくることはできます。

私は一度でいいので「一般入試で合格した学生のみの東京六大学野球」リーグ戦を開催してほしいと願っています。そうすれば東大もそこそこ善戦するのではないでしょうか。少なくとも「勉強とスポーツは両立できる」というメッセージにはなるはずです。

一つの分野にこだわらず、いろいろなことを追い求めてもいい

「リスクヘッジ」という発想を持つ

「自分にできそうなこと」は何でもチャレンジ

年齢を重ねたせいもあり、最近の私はずいぶん厚かましくなったようで、一つのことをする代わりに、ほかのことをあきらめるという発想をほとんど持たないようになりました。

実際、精神科医としての仕事以外に、映画の監督、書籍の執筆、大学の教員、学習塾・幼児教育型保育園の運営など、私の活動範囲は多岐にわたっています。そのせいか、多くの人から「和田さんは、いろんなことをやっていますね」と言われます。

一つの会社で仕事をしている人よりも、活動範囲は広いのは確かですが、手当たりしだいに取り組んでいるわけではありません。

自分にできそうなことは何でもやる一方、スポーツをするなど、不得意なことには一切かかわらないようにしています。

チャレンジしたい分野がたくさんあるので、周囲からは何にでも取り組んでいるように見えるのでしょう。

活動範囲を広げているのには、リスクヘッジの意味合いもあります。たとえ一つの分野でうまくいかなくなっても、別の分野に力を入れればいい。そう考えれば、精神的にも余裕が生まれます。

会社にしがみつかない生き方

日本では、一つのことを極める行為に価値をおきます。

そのため、会社一筋の人生が真面目で理想的であるかのように評されるのですが、果たしてそうでしょうか。

一つの会社で仕事を極めるのを否定はしません。ただ、会社に人生のすべてを預けたところで、定年になれば居場所を失うのもまた事実です。

家族との生活を犠牲にし、有給休暇もまともに取得せず、夜遅くまで残業をするなど、会社にそこまでしてしがみつく価値があるのでしょうか。

私の周囲で、自ら事業を立ち上げた人たちは、会社に嫌われることを恐れない人たちでもありました。

会社で働くことを一つのステップとしてとらえ、さまざまな人脈や実績を積み上げ、それをもとに独立をしていました。

会社を退職した高齢者を見ていても、再就職がうまくいっている人は、会社に好かれている以上に、取引先に好かれているという共通点を持っています。

会社に好かれようとするあまり、取引先に冷たい態度を取る。冷たいわけではないが、自社の利益ばかりを求め、取引先のメリットを考えない。こういった人たちは、いざ会社を退職したときに、誰からも声がかかりません。一方で、取引先に好かれている人は、会社を退職したとたんに、「うちにこないか」「一緒に仕事をしましょう」

などと引く手あまたとなるわけです。

会社にすべてを捧げようとする人は、たとえば親の介護などの課題に直面すると、あっさり退職してしまうことがあります。それまで、会社に１００パーセント貢献できない人を否定していたため、自分がその立場に甘んずることが許せないからです。

しかし、実際には工夫しだいで、いくらでも仕事と介護を両立できます。介護を取ったら仕事をあきらめなければいけないというのは短絡的な発想です。

仕事も介護も、趣味もボランティアもあきらめない。そうやって複数の時間や居場所を確保しておくことは精神的なリスクヘッジにもつながります。

人は、一つのことがつらくても、他の時間で気を紛らわせられれば、なんとか乗り越えられるものです。

だから、会社人間にならないことも、複数のテーマを追い求めることも、けっしてわがままではないのです。

人生の柱を複数持っていれば、逆境に強い人になれる

１００パーセント正しくはないなかで選択肢を選ぶ

「こういう意見もある」と知るだけで儲けもの

どんなに能力に優れた人間であっても、一人の人間の頭脳には限界があります。

だから、自分には知らないことがたくさんあると思っていたほうがいいし、自分の出した答えが１００パーセントでないと知っておいたほうがいいです。

アマゾンで書籍のレビューを見ていると、「この本には新しい発見がほとんど書かれていない」とか「この本が主張している意見は完全に間違っている」という否定的な感想をしばしば見かけます。

彼らは、いったい読書に何を求めているのでしょうか。

「100パーセント役に立つ新しい・正しいと思える発見を得たい」と考えているのだとしたら、相当リテラシーに乏しいと言わざるを得ません。

私は、基本的に一冊の本に2ページでも3ページでも役立つと思えることが発見できれば、充分に投資価値があると考えています。 1500円ほどの対価で人生に一つでも有意義な情報が得られれば、むしろお得と言っていいはずです。

また、読書の利点は、自分の意見と異なる意見を聞くことができるところにもあります。

「とても同意できそうにないけれど、こういう意見もある」と気づくだけでも思考の幅が広がります。単純に否定するよりも、はるかに知的なスタンスといえます。

医学の世界でも、たとえばがんは切ったほうがいいという見解もあれば、切らないほうがいいという見解もあります。ただ、実際にがんを患ったならば、どちらが正解かわからないまま、どちらかの選択肢を選んでいるわけです。

最終的には暫定的な結論を出すわけですが、少なくとも一つの選択肢に固執するより、複数の選択肢の可能性を探っている人のほうが視野が広いといえます。

「自分は正しい」と思っている人の怖さ

私はかつて『いい人は本当は「怖い人」』（新講社）という本を書いたことがあります。この本で私が伝えたかったことの一つが、自分の価値観や善悪の判断に絶対的な自信を持っている「いい人」の危険性です。

たとえば、「ブラック企業」と呼ばれる会社の中には、社員を搾取する目的で営業している、悪意に満ちた会社があります。一方で、善意を振りかざした結果としてブラック企業になっているケースもあります。

管理職が「夜中まで残業をしてでも、仕事を必ず仕上げなければいけない」という「こうあるべき」思考の持ち主だった場合、部下にまで善意でその価値観を押しつけてしまうといった例が考えられます。

人は、自分が正しいと思っているからこそ、他人に対しても強烈に同じ価値観を押しつけようとするものです。

「自分が正しい」
と思っている人ほど怖いものはない

本当だろうか？

正しいからこそ、押しつけていることにためらいがないわけです。

そもそも、人間は他人に価値観を押しつけさえしなければ、どんな価値観を持っていてもいいはずです。本人が幸せだと思えるなら、どんな宗教を信じて、どんなにお金を注ぎ込んでも、他人がとやかく言う権利はありません。

ただし、他人に自分の正しさを押しつけるとなると、話は違ってきます。

自分の正しさを信じ込むと、他人を傷つける可能性があります。

私自身、物事に対して自分なりの見解は持っていますが、それを他人に押しつけて屈服させようなどとは思いません。最終的に、どの意見を選択するかは個人の自由だからです。

「自分の正しさ」を相手に押しつけてはいけない

相乗効果でレベルアップは可能

「あれもこれもやる人」への偏見

日本ではあれもこれもやっている人は、一方的に二流だと決めつけられます。かくいう私もその一人です。

映画づくりや、書籍の出版といった日頃の活動がよほど気にいらないのか、精神分析学会では、まったく評価されていないのです。

先日も日本精神分析学会で、ある先生から「関東地区の運営委員に推薦されたから立候補してはどうか」という手紙をいただきました。

精神分析の世界において、日本人で英文の論文を発表したことがある現役の精神分析医は、私を含めて3名だけです。そういった実績を評価してもらったのだと解釈し、ありがたく立候補したところ、最下位で落選の憂き目を見ることになりました。当選した1位と2位の人の経歴を見ると、留学経験もなく、英文の論文実績もゼロです。彼らは私の10倍くらいの得票数でした。

私が落選しただけなら、自分の不徳をひたすら恥じればいい話です。が、近畿地区を見てみると、やはり英文の論文を発表したことのある京都大学の教授が落選していました。

それを見た瞬間に確信しました。世間的には学会で役職を得るような人は、学問に優れた人たちだと思われていますが、実は全然違うのだと。

役職を得るような人は、組織に属する一人ひとりを代表しています。つまり、不勉強な人たちが集まる学会からは、不勉強な役職者が誕生するのも当然です。

あれもこれもやっている私を、自分と違うと考えるのは自由です。でも、「他の仕事をしているから」という理由で排除するとしたら、あまりに狭量にすぎます。

「引き出しが多い」から視野が広がる

まだまだ一部にとどまっていますが、最近では企業で副業を解禁する動きが見られるようになってきました。

いい傾向だと思います。

副業は、前述したようにリスクヘッジとしての意味合いもありますが、それ以上に相乗効果をもたらします。

私自身、さまざまな活動が精神分析の研究や、心の治療などに役立つことがあっても、邪魔にならないのを実感しています。私は一つひとつの仕事に手を抜いていないつもりです。映画を撮るときも、精神科医として治療をするときにも、真剣に取り組んでいます。

一つの仕事しかしていない人が手を抜いていないかというと、実はいい加減に取り組んでいる人もたくさんいます。つまり、専業で取り組んでいるかどうかより、一つひとつの仕事を真面目に取り組むことのほうが重要なのです。

一つのことしかやっていない人は、どうしても視野が狭くなりがちです。一方で、さまざまな経験をしている人は、広い視野から物事を考えられます。

たとえば子ども向けのサービスの企画であれば、会社べったりの50代男性よりも、子育てと仕事を両立させている30代女性のほうが、はるかにいいアイデアを生み出す可能性があります。

しかし、現実に多くの企業では中高年の男性社員がたくさん集まって、女性や子ども向けのサービスを考えるようなケースが見られます。狭い経験のなかでアイデアを出すのに苦労するくらいなら、いろいろな人生経験を仕事に活かせるような仕組みを作るべきではないでしょうか。

引き出しの数が多い人は、クリエイティブな力を磨くことができる

経験のなかからベターな答えを見つける

私が精神科医になった理由

不純な動機で医学生となった私が、本気で勉強するようになったきっかけがあります。それは、一人の患者が自殺をするという出来事でした。

そもそも当時、**東大医学部の精神科には二つの派閥が存在していました。**一つは、東大闘争以来、患者解放運動などに取り組む、人間学的な精神医学を志向する派閥。そしてもう一つは、薬の研究などに取り組む生物学的精神医学を志向する派閥です。

前述したように、学生時代の私は映画制作に明け暮れ、大学にはほとんど通わないまま卒業したこともあり、そのあたりの事情にはまったく無頓着《むとんちゃく》でした。

人に紹介されるがまま、患者の解放運動をやるグループが運営する自主管理病棟に入りました。のんきな私は、ぼんやりと人間学的な精神医学を身に付けられると思っていたのですが、時間が経つにつれ、徐々に事情がのみ込めてきました。

周囲は学会闘争で相手を論破したり、糾弾したりすることに明け暮れていました。私も言われるままに学会闘争についていったことがありましたが、むしろ糾弾相手の精神科の教授のほうが、言っていることが正しいのではないかと感じました。

失望した私は、2年目に内科に入ることにしたのですが、内科の医局は教授の立場が絶対的です。相撲部屋のように上下関係がはっきりした雰囲気になじめず、医局には入りませんでした。そこで神経内科と救命救急センターのレジデントを募集していた国立病院の非常勤職員になりました。

なんとなく精神科医にも未練を感じており、精神分析のセミナーには通い続けていました。

そんなとき、ある病院で内科もできる精神科医を募集するという話があり、応募したら採用してもらえることになったのです。

型にはめた治療を行った結果……

その病院には、あるおばあさんが入院していました。おばあさんは「体の調子が悪い」「お腹が痛い」などと言っては、ナースコールを1日30回近く押すような人でした。検査をしても、何の異常もなく、妄想の傾向が見られました。

私は、当時の精神分析学の先生から教えられたとおり、週に1〜2回1時間ほどのカウンセリングを行う代わりに、ナースコールには一切返事をしないという方法で対応しました。

そうすれば、患者自身が、自分の心理的な問題に気づくと考えられていたのです。実際、何日かするとナースコールの回数が減っていき、おばあさんの具合はよくなり、いったん退院できるまでに回復しました。

ところが、そのおばあさんは2週間くらいして、再び入院してきました。私は、おばあさんに「前回と同じようにカウンセリングをしていきましょう」と伝えました。

おばあさんが「先生の顔を見たら、安心しました」と言ってくれたので、教科書どおりの治療をすれば、またよくなるだろうと私も思っていたのです。

ところが、その日の晩、自宅にかかってきた電話に私は衝撃を受けました。

昼間に話したばかりのおばあさんが、首をつって自殺したというのです。

カウンセリングでよくなると考えていた私は、うつ病の薬もろくに使っていませんでした。それにナースコールを無視されるのは、おばあさんにとってつらい体験だったのでしょう。

私は、運よく一度成功したこともあり、型にはめた治療にこだわっていました。しかし、結果は患者の自殺という最悪なものとなりました。

それを機に、先輩の先生から指導されたことが間違いだったのではないかという疑いを持つようになり、アメリカに留学して、本格的に精神分析学を学ぶことにしました。アメリカでは日本とまったく違い、はるかに柔軟なアプローチで治療しているという事実を目の当たりにし、私は自分の治療法が間違いだったことに気づいたのです。

このときの経験で学んだのは、**うまくいかなければ自分の間違いを認めてやり方を変えるということ、正解は一つではなくて、やり方はいろいろあるということ**でした。

精神科医として治療をして、よくなる患者さんもいれば、改善しない患者さんもいます。ただ、少なくとも状況を悪化させないことは強く意識しています。

この経験をして以来、私は30年近く精神科医としてたくさんの患者さんにかかわってきましたが、自殺ゼロを続けています。

精神科を受診しているうつ病患者のうち、毎年約８０００人が自殺しているというデータがあります。今、日本に精神科医は約1万２０００人ですから、一人の精神科医は3年間に2人の患者の自殺を経験している計算になります。だから、30年近く自殺者を出していないというのは、私にとってささやかな誇りとなっています。

うまくいかないときには、自分の間違いを認める

第3章

「前例踏襲」思考

「やってみなければわからない」思考

あきらめたら確率はゼロのまま。
ダメもとでチャレンジするクセを

「やってみなければわからない」は日常にたくさん転がっている

あきらめたら確率はゼロのまま

たとえば、仮にあなたが男性で、好意を寄せている女性がいるとしましょう。彼女は学生時代からモデルをしていたという大変な美人です。

それに引き換え、あなたは凡庸なルックスをしています。普通に考えると、彼女とは釣り合いが取れそうにありません。思い切って告白しても、ふられる確率は高そうです。

こういったケースでは、あなたはどう行動するでしょうか。何もせずにあきらめるか、覚悟を決めて彼女に告白するか。

どうせふられると思って声をかけずにいたら、確率はゼロのままです。

けれども、思い切って告白してみれば、１０００に一つの確率かもしれませんが、ＯＫとなる可能性はあります。何事も、やってみなければわかりません。

ひょっとしたら、たまたま彼女が超イケメンの男性と失恋した直後で、

「男は顔で選んじゃダメだ」

「イケメンより性格が優しい人がいい」

と思っているタイミングかもしれません。意外に交際をＯＫしてもらえることもあり得ます。

ときどき、超美女の芸能人が一般の男性と結婚するケースがあります。これも、女性のほうが、

「芸能人の男性は遊んでいるから信用できない」

「結婚するなら普通の男性がいい」

と考えていたからかもしれません。あるいは、あまりに高嶺《たかね》の花とみられていたせいで、誰からも声をかけられずにいたという可能性もあります。いずれにせよ、一般

男性が芸能人の美女にアタックして成功したという事実はあるわけです。

チャレンジしても損をすることはない

一つだけ知っておいてほしいことがあります。

多くの人は告白してふられると、相手に嫌われると思っています。しかし、普通に考えて、どんなにモテまくっている人でも、異性から好意を寄せられれば悪い気はしないと思います。よほどストーカーのようなふるまいをすれば別ですが、そうでもない限り、熱心に告白されて断ったときには、多少とも気の毒に感じるはずです。

それだけでも、少しは気にとめてもらえるようになるわけです。告白せずに悶々としていた状況よりは、大変な進歩といえます。

告白した行為自体が嫌われる理由になることは、まずもって考えられません。それどころか、いつか相手に振り向いてもらえる可能性も生まれます。

告白をするだけで、少なくとも確率がゼロから100分の1くらいにまでは上がります。宝くじなどより、はるかに成功確率の高いチャレンジだと思うのです。

「やってみた」経験は人生に役立つ

私が書いた受験勉強法の本を読んだという読者から、「そもそも和田先生と僕とは頭のできが違うから、うまくいくわけがない」との感想をいただくことがあります。実際に試したうえでそう言うならともかく、試してもいないうちからそうやって可能性を否定しているのです。

私自身、私の勉強法が万人に効果があると主張しているわけではありません。和田式勉強法を試してうまくいかなければ、その人には別の勉強法が合っているのかもしれません。すべては「やってみなければわからない」のですから。

一つの勉強法を試してダメだったとしても、損をするのは書籍代と一時的な労力だけです。むしろ試すことで得られるものはたくさんあるはずです。

私は、和田式勉強法を活用して東大に合格することよりも、何かのやり方を試したら成功できたという体験のほうに意味があると考えています。

何度か失敗しても、ベストのやり方を見つけて成功したという体験を得れば、前向きな人生観を持つことができます。

その人は、**受験以外にも人生のあらゆる場面で、うまくいかなかったら別のやり方を試そうという姿勢を持ち続けるに違いありません。**

エジソンは、「私は一生のうちに失敗したことはない。この方法ではうまくいかないということを学んだだけだ」と語っています。まさにそのとおりです。

人生は、何が起こるかわからない

「やってみないとわからない」と思えば、人生は面白くなります。

人生には何が起こるかわかりません。人生は予測不能なことの連続です。他人の心も、未来もわからないことだらけです。

ましてや、昔とは出世のルールも、モノが売れるルールも劇的に変わりつつあります。ひと言でいえば「なんでもアリ」の時代です。

私自身の人生にも、まだまだ何が起こるのかわかりません。

もしかしたら、20年後くらいに、私が主張している、税金を高くして思い切り経費を認めるというような消費促進型の経済政策をそのまま実現させようとする政治家が登場するかもしれません。あるいは80歳を過ぎた私が政治家となって、それを実現させようとしているかもしれません。

やってみないとわからない。

あなたは、そのマインドを持ってあらゆることにチャレンジしますか。

それとも、何かをする前から「どうせダメだ」とあきらめたり、権威のある人のもっともらしい主張に唯々諾々《いいだくだく》と従い続けたりする人生を送るつもりですか。

日常のなかで、いろいろな可能性を試してみよう

ビジネスで成功する人は「やってみる」を徹底している

セブン-イレブンのチャレンジ精神

「とにかくやってみる。やってダメなら、やり方を改善すればいい」

これは、ＰＤＣＡ（Plan→Do→Check→Action）といった仕組みとして、ビジネスでは日常的に実践されている考え方です。

「やってみる」を実践して成功している企業の一つにセブン-イレブンがあります。

業界1位に君臨するセブン-イレブンの平均日販（店舗1日あたりの売上高）は約65万円に対して、同2位のローソンは約54万円、同3位のファミリーマートは約51万円と、セブン-イレブンが独走しています。

セブン-イレブンジャパンを設立し、今日の成功へと導き、「流通の神様」と呼ばれたのがセブン＆アイ・ホールディングス名誉顧問の鈴木《すずき》敏文《としふみ》氏です。鈴木氏は、日本で始めて本格的なＰＯＳ（販売時点情報管理）システムを導入した人物としても知られています。

当時、アメリカではすでにＰＯＳシステムが普及し始めていましたが、主にレジの打ち間違いや不正防止を目的としたものでした。**ＰＯＳシステムをマーケティングに活用するという視点で導入したのは、鈴木氏が初めてだったのです。**

セブン-イレブンの各店舗では、アルバイトにも発注が任されます。なぜ発注ができるかというと、販売について仮説を立て、ＰＯＳシステムの販売データをもとに検証する仕組みが徹底されているからです。

ＰＯＳデータを分析すると、天気や気温の変化によって、夏におでんが売れる日や、冬にアイスクリームが売れる日があることがわかってきました。こうしたデータをもとに、仮説と検証を繰り返すことで、高い精度での発注を可能にしているというわけです。

セブン-イレブンでは、発注しても売れない商品は、すぐに棚から撤去します。まさに、「やってみなければわからない」精神をもとに、全国規模で巨大な実験室を運営しているようなものです。

マクドナルドの「3回商売にチャレンジしてみろ」

日本マクドナルドの創業者である藤田田《でん》氏は、「起業するなら、財産の3分の1ずつ使って3回商売にチャレンジしてみろ」というアドバイスを残しました。

まず財産の3分の1を投じて何かの商売を始めたとしましょう。その商売は初めから成功するとは限りません。むしろ失敗する可能性のほうが高いのが現実です。

仮に失敗したとしても、その代償として何らかの学びや発見、反省といったものは得られます。そうしたフィードバックをもとに、次の3分の1の資金を使って商売をやり直すのです。

2回目で成功すればよほどの商才の持ち主といえるでしょうが、またしても手痛い失敗を経験するかもしれません。それでも、過去2回の反省を活かせば、最後の3分の1の資金で勝負ができます。それでも失敗すれば、最初から成功の見込みのないビジネスだったのだとあきらめがつきますし、そうでなければ3回目までには成功を手にすることができるというわけです。

大経営者である藤田氏にも、「やってみなければわからない」というスタンスが徹底していたことをうかがわせるエピソードです。

「やってみる」を繰り返していれば成功できる

成功したあとも「やってみる」を続ける

常に成功を続ける経営者の秘密

常に「やってみる」を実践している経営者は、見切りをつけるタイミングにも優れています。

私が大学生のころ、「ボルツ」というカレーチェーン店が流行り、街中に点々と店舗を構えていました。

ボルツは、ちょっと高級感のあるカレーを提供していて、当時はめずらしい薬味セットがテーブルに並んでいました。カレーの辛さを「3倍」「20倍」などとレベル別に注文できるシステムを導入した元祖としても有名でした。

今、一定の世代から下の読者は、ボルツというカレーチェーン店があったことを知らないと思います。というのも、現在は数店舗しか営業していないからです。店に閑古鳥が鳴いていたわけでもなく、まだそこそこ人気を保っていたにもかかわらず、次々とクローズしてしまったのです。

ボルツを展開していた日本レストランシステムという会社は、いまもさまざまな飲食チェーン店を手がけています。

和風スパゲティを提供することで知られる「洋麺屋五右衛門」、パンケーキやハンドドリップで淹れたコーヒーなどが人気の「星乃珈琲店」などです。

一つの商売が成功しても、やがて人気が下火となってしまうことがあります。俗に「一発屋」と呼ばれるケースです。

これに対して、常に成功し続ける経営者は、**一度うまくいっても試し続けることをやめません。**

日本レストランシステムのように、現状に満足せず、さまざまなチャレンジを続けるからこそ、「一発屋」で終わらないということです。

ドトールコーヒーのチャレンジが教えてくれること

実は、この日本レストランシステムという企業を吸収合併したのが、セルフ式コーヒーでおなじみのドトールコーヒーです。ドトールコーヒーは、日本最大の店舗数を持つコーヒーチェーン店です。

ドトールコーヒーを創業した鳥羽《とりば》博道《ひろみち》名誉会長も、機を見るに敏な経営者の一人です。たとえば、ドトールが展開するコーヒーチェーン店に、エクセルシオールカフェがあります。エクセルシオールカフェは、どことなく、あるコーヒーショップに雰囲気が似ていると思ったことはないでしょうか。そうです。アメリカ・シアトル発のスターバックスコーヒーです。

日本でスターバックスコーヒーが流行ったとき話題となったのが、全席が完全禁煙であるということでした。日本では、タバコを吸うために喫茶店を利用する人が多かったので、スターバックスも当初は分煙式で店舗を運営していました。その後、全面禁煙へと移行したことで、女性客を中心に大きな支持を集めました。

実は、このスターバックスコーヒーのスタイリッシュな雰囲気に対抗して、エクセルシオールカフェはイタリアンエスプレッソなどを提供するイタリア風の店舗を出店したのです。

エクセルシオールカフェには喫煙スペースも設けられています。喫煙できるという差別化で、スターバックスが得ていない喫煙客を取り込もうと考えたのは、容易に想像がつきます。エクセルシオールの事例は、「やってみる」ときに、突飛なアイデアを試さなくてもよいことを教えてくれています。

できる人よりも「やった人」がえらい

「やってみなければわからない」の裏側にあるのは、「とにかくやってみる」「簡単なことでも思いついたら試してみる」というフットワークの軽さです。

私の知り合いにはたまたま、ＩＴに精通した人が何人もいます。彼らのなかには、

あれこれ考えるだけの人より、「やる人」「やった人」がえらい

どちらがよいだろうか？

次のように豪語する人もいます。

「ネットショッピングなんて簡単なビジネス、僕にだって考えついていたよ」

「検索エンジンは、俺が持っている技術でもつくれたんだよ」

「自分たちの技術があれば、ｉＰｈｏｎｅをつくるのも難しくなかったんだよ」

彼らは酒席でハッタリを口にしているのではなく、本当にそうなのかもしれません。

ただ、私が一つだけ言えることがあります。

それは、**実際に「やってみた」人間が大金持ちとなり、やらなかった人は大金持ちにならなかったという事実です。**

大切なのは「できるか、できないか」ではありません。

「やったか、やらなかったか」です。できる人よりも、やった人が偉い、と私は思います。たとえ一度で成功しなくても、やり続けることに価値があるのです。

人生に成功する人は「とにかくやってみた人」である

世の中には「結論の出ていないこと」がたくさんある

ユニークな見解を持つ近藤誠先生

2017年、ある書籍の企画で、私は医師の近藤誠先生と対談する機会がありました。近藤先生は、現在、近藤誠がん研究所の所長として、セカンドオピニオン外来を運営されています。

『文藝春秋』誌に寄稿した、がん治療についての連載が大反響を呼び、1996年に出版した『患者よ、がんと闘うな』（文春文庫）が大ベストセラーになったことでご記憶の読者も多いことでしょう。

その後も、『がん放置療法のすすめ』（文春新書）、『健康診断は受けてはいけない』

（文春新書）といった著書を次々と発表し、賛否両論を巻き起こしてきました。

近藤先生は、がん治療に関して独自の見解を持ち、「治らないがんは切っても仕方がないから放置したほうがよい」「健康診断は有害である」といった説を唱えていることで知られています。


おそらく、日本の大学の医学部に所属する学者のうち、95%くらいの人が近藤先生を批判していると思います。

どっちの意見が正しい？

「早期がんの患者が、がん放置理論を信じたせいで、進行がんになってしまった。どう責任を取ってくれるのだ」

「抗がん剤が延命効果を上げている例もたくさんある。抗がん剤でがんを小さくしてから、切除手術を行えば治療できる可能性はある」

など、近藤先生にはさまざまなバッシングが浴びせられているのが現状です。

「がんは切って切除できるなら切除したほうがいい」というのは、多くの日本人が共有する意識にも近いといえます。「がんを放置したほうがいい」というのは、一見エキセントリックな主張に聞こえます。バッシングの主張を聞けば「そのとおりだ」と思う人も多いかもしれません。

近藤先生を批判する学者たちは、「がんを放置した結果、死に至った患者の例」をいくつも提示して、批判の論拠としています。

しかし、こういった例をいくつか挙げたからといって、近藤先生の説が間違っているという証明にはなりません。これだけでは、「自分の主張に都合のよいデータを意図的に集めているだけじゃないか」という指摘に反論する余地がありません。

近藤先生自身も、がんを切らずに放置療法を選択した結果、長生きできたという患者の実例をいくつも挙げているからです。

証明するには比較試験が必要

つまり、本当にがん治療が有効であると主張したいなら、比較試験を行う必要があります。

比較試験とは、同じ条件でがんを切った人と切らなかった人を比較して、その追跡調査を行って、どちらが生存率が高いかというデータを集め、それを比較するというものです。

近藤先生自身は、「がんを切らなくても死亡率に差がない、切った人のほうが死亡率が高い」という比較試験の結果をいくつかの海外の論文誌に寄稿しています。

一方で、近藤先生を批判する学者たちは、比較試験を行おうとしません。

つまり、「がんを切らないと亡くなる確率が高い」という証明はなされていないままなのです。

がんを切らないまま亡くなった人のほとんどは、がんの転移が起こっています。仮にがんの切除手術を行ったところで、転移が起こっている可能性は高いといえます。

転移を起こすがんの場合、がんの原発が数センチになっている時点で、0・1ミリ程度の転移が起きているケースが多くあります。

現在の医学では、それ以下の小さな転移を発見するのは困難です。

つまり、がんが転移している患者は、手術をしても治療効果が得られないということになります。

むしろ、身体の臓器を大きく切り取られる分だけ、抵抗力が弱まって、死亡リスクを高めているとも考えられます。

転移が起こっていないのに、がんを切らないまま放置して、そのがんが原因で亡くなったというなら、近藤先生の主張が間違っていると反論できます。しかし、がんによる死亡者の多くに、この条件は当てはまりません。

わからないことは、とにかく検証してみる

いずれにせよ、がんによる死亡者の例を挙げて、近藤先生の説に反論するのは無理筋です。

私が医学部の教授だったならば、研究費や人員を総動員して、大規模な比較実験を

行い、その結果を踏まえて反論を行うと思います。

わからないことについては、適切な検証を行って、その結果を尊重する。

それがフェアな論争というものです。仮に自分の説が間違っていても、そこから新たな発見が生まれ、患者に利益をもたらします。

けれども、日本の大学では、そういうフェアな論争を志向する人は、そもそも教授になりにくいという致命的な構造があります。

「がんは切るもの」という前例がひたすら踏襲されているのです。


みんなが常識だと思っていることでも、必ず証明されているわけではない

「学者の間違い」から何を学ぶべき？

降圧剤には効果があるのか？

似たような話はほかにもあります。

ディオバンという薬があります。血圧を下げる効果があるとされ、高血圧の薬として使用されているものです。この薬は、欧米で行われた大規模調査の結果、脳梗塞や心筋梗塞を予防する効果があることが明らかとなりました。

そもそも、なぜ降圧薬が脳梗塞や心筋梗塞の予防のために必要なのか。その仕組みからご説明しましょう。

かつて、日本で食糧事情が悪かった時代、多くの人はタンパク質が不足する食生活を送っていました。**タンパク質が不足すると、血管がもろくなります。**タンパク質は血管の材料となるからです。タイヤのゴムが非常に薄くなってパンクしそうな状態をイメージするとわかりやすいと思います。

昔の人が高血圧を恐れていたのは、血管が破れて脳卒中になるリスクが高かったからです。事実、かつては血圧１６０程度で、脳卒中に倒れる人がたくさんいました。

ところが、現在では血圧１６０程度で脳卒中になる人は少なくなりました。栄養状態が改善され、肉などからタンパク質を摂取するようになり、血管が強くなったからです。

ただし、血圧が高いまま放置していると、動脈硬化の原因となり、将来、心筋梗塞や脳梗塞になるリスクがあります。そこで、多くの医療機関では、血圧の値が一定以上になると、降圧剤を処方しているというわけです。

今、日本の高齢者で、降圧薬を日常的に服用しているという人はけっしてめずらしくありません。ところが、実は日本では、降圧薬が将来的に脳梗塞や心筋梗塞になるリスクを下げるという、欧米のような大規模調査がほとんど行われてきませんでした。

つまり、効用が実証されないまま、血圧を下げる薬を頑張って服用している人がたくさんいる状況が続いてきたのです。

エビデンスに基づく欧米の医療

欧米の生命保険会社は、降圧薬を飲んで血圧が低下したからといって、保険を適用してはくれません。

その薬を飲むと将来的に脳梗塞、心筋梗塞になる確率が低下するというエビデンス（その治療法がよいとする科学的根拠）を提示する必要があります。

ちなみに、医師の経験や慣習などに依拠せず、エビデンスに基づいて行う医療を、エビデンスベーストメディシンといいます。

欧米では、ある薬に効果があることを証明するときの調査のスポンサーを、製薬会社が担ってくれます。逆に、薬を減らしても健康になる率が減らないという調査のスポンサーを保険会社が担ってくれます。そのため、エビデンス調査が行われやすい環境があります。

一方で、日本ではスポンサーがつきにくいために、大規模調査を行う研究者が少ないというのが現状です。効用が実証されないまま、医師が高血圧の人に薬を処方しても、誰も文句を言う人はいません。

「ディオバン事件」を知っていますか？

さて、そんな日本でも、５つの大学（京都府立医科大学、東京慈恵会医科大学、滋賀医科大学、千葉大学、名古屋大学）による、ディオバンの大規模な臨床研究が行われました。

日本で唯一エビデンスのお墨つきのある薬として売りだそうとしたわけです。

ところが、**この研究がのちに大事件を引き起こすことになります。**

製薬会社の社員が身分を隠し、当の研究実験に加わっていたことが明らかになったのです。

製薬会社の社員が実験に参加すればどうなるか――。薬の効果がないのにあるように結果を誘導する、つまり論文データの改ざんが行われました。

さらに、製薬会社から大学側に寄付金を通じた利益供与が行われていたという事実も明るみに出ました。

これが「ディオバン事件」と呼ばれた臨床研究不正のあらましです。

日本のマスコミは、医学部の教授のモラルや製薬会社のコンプライアンスに問題があったとして厳しく追及しました。でも、これは問題の一面にすぎません。

データがないのに信じられている理由

問題の本質は、欧米でもっとも効果が上がるというデータのある血圧の薬でさえ、日本ではデータの改ざんを行わざるを得ないほど、結果が出なかったということです。この結果からは、欧米でもいいデータが出ていない他の血圧の薬は、さらに効果が出ないという想像が成り立ちます。

つまり、ディオバン事件は、**「今、日本で流通している血圧の薬には、脳梗塞や心筋梗塞を下げる効果がない」**ことを示唆しているのです。

血圧の薬に意味がなければ、飲む必要もなくなります。そうすれば、どれだけ日本の医療費が削減できるかわかりません。

でも、不思議なことに、その問題を指摘する報道はほとんどなされませんでした。日本で血圧の薬を患者に出し続けたいなら、ディオバン以外の薬でも大規模調査を行い、きちんとエビデンスを取るべきだと私は考えます。

ところが、その気配はまったく見られません。おそらく今後も調査をしようと言い出す学者は現れないでしょう。

「権威」の言うことも「やってみなければわからない」

「常識」にも疑いの目を向けてみる

「メタボ」のほうが長生きできる？

「がんは切ったほうがいい」

「高血圧になったら薬を飲んだほうがいい」

そんな、**なんとなく常識化している情報でも、世の中には実際に調査してみなければわからないことがたくさんあります。**

むしろ、従来の医学常識とは異なるデータが出ている事例もたくさんあります。

「コレステロール値も血糖値も血圧も低いほうがいい」

「メタボになると死亡リスクが高まる」

このように思っている人はたくさんいますが、**実際にはコレステロール値が高い人、血糖値が高めの人、やや小太りの人のほうが長生きしているというデータが出ています。**

ＢＭＩ25〜30未満の人が長生きするという調査結果はさまざまに出されていますが、日本肥満学会の定めた基準ではＢＭＩ18・5未満が「低体重（やせ）」、18・5以上25未満が「普通体重」、25以上が「肥満」となっています。

したがって、ＢＭＩ25〜30の人は、メタボ認定されるということになります。

現実に、ＢＭＩ25〜30の人が、職場の健康診断などでメタボ認定され、健康指導を受けるケースが日常的に起こっています。

動物実験の結果は正しいのか

学者たちは「旧来の学説に反している」などとして、新しい常識をスルーしています。いまだに「メタボに注意しましょう」などと念仏のように繰り返しています。まさに「前例踏襲」思考です。

あるいは、「動物実験ではメタボの死亡リスクが高いことが証明されている」と主張する人もいます。

彼らは「脂肪が多くなると、アディポネクチンというホルモンの分泌量が少なくなるので、動脈硬化を引き起こしやすい」といった理屈を持ち出すのですが、人間でも同じ結果になるのか、ちゃんと調査したうえで主張してほしいものです。

「サーチュイン遺伝子という長生き効果のある遺伝子があって、それは飢餓状態のほうが活動する。だから、やせていたほうが長生きする」

こういう説も耳にします。たしかに一理あって、ほとんどすべての動物は飢餓状態のほうが長生きするとされています。

ところが、人間には心理的要因がからみ、飢餓ストレスのほうが害があるという事実が見過ごされています。

日本では、動物実験を行い、そのデータが人間にも当てはまるという前提で研究をしている人たちが医学部の教授となっているのです。

一般の人たちは、医学部の教授の言うことを信じて、動物実験の結果を鵜呑《うの》みにしています。普通に考えて、動物実験が人間にもあてはまるとは限りません。人間を対象とした実験のほうが重要であるはずです。さらにいえば、日本人の体質や食生活に合わせた実験のほうがもっと重要でしょう。

マスコミも前例踏襲に染まっている

そもそも、年をとれば血管の壁が厚くなるため、血圧が上がるのは自然なことです。しかし、若い人もお年寄りも、なぜか同じ基準で血圧の正常値が指示されます。

本来であれば、老年医療を担っている医師たちが主導して、高齢者の血圧や血糖値でいちばん死亡率が低くなる値を調査して、新たな基準をつくったり、高齢者の薬の使用量を減らすための研究を行ったりするのが筋です。

それなのに、**高齢者にも若い人と同じ基準でたくさん薬を出すような医療が長年続いています。**

これは日本の老年医学会の体質の問題がありますが、いずれにせよ、あてにならないデータが蔓延しているのは事実です。

マスコミも医学部の教授の発言を信じて、伝言ゲームを行っているだけです。

「今は従来の常識とは違うデータが出ていますが、これに反論できるようなデータをお持ちですか？」

「動物ではなく、人間を対象とした実験でないと、正しいとは言い切れないのでは？」

などと正面切って質問するような記者は、残念ながら存在しないでしょう。みんな前例踏襲思考の落とし穴に陥っているのです。

世の中では実験していないことも「そうなるはず」とされている

第4章

「みんなにどう思われるか」思考

「人は人、自分は自分」思考

他人との比較は不幸の始まり。
意識的にマイペースに生きることが肝心

上手な「負け方」を知っておく

「うまくいかなかったとき」の対処法

他者との競争を強く意識している人は、一回の敗北を大きなダメージとしてとらえます。たとえば、昇進試験で不合格になったとき、「もう出世の道は絶たれた」などと絶望的な気持ちになります。

ショックを引きずるあまり、仕事にも身が入らなくなり、思うような成果を残せなくなります。周囲の評価も低くなるので、ますます不満がつのるという悪循環に陥るのです。

もちろん、物事がうまくいかなかったときに気分が落ち込むのは、人間として当然の反応です。ただ、いつまで落ち込んでいても、状況は改善しません。

「自分は自分」と達観している人は、ここで気持ちを切り替えます。

「今回は試験に失敗したけど、次回再挑戦すればいい」

「頑張っていれば、またチャンスは回ってくるはずだ」

などとリセットして、もう一度目標に向かってやり直します。

重要なのは、何かがうまくいかなかったときに「次善の策」を選ぶことができるか、ということです。

次善の策というと、妥協の産物のようにとらえる人がいるかもしれません。

しかし、私は次善の策を選ぶことに、ネガティブなイメージを感じていません。次善の策を選んだからといって、目標そのものが閉ざされたわけではないからです。

前述の例でいえば、昇進試験に失敗したからといって、会社でのキャリアそのものが閉ざされたわけではありません。

コツコツ仕事をしていれば、誰かが認めてくれますし、昇進のチャンスはこれから何度となく迎えるはずです。

うまくいかなかったときの退《ひ》き方とは?

- □ 希望は捨てず、でもいったん、負けてみる
- □ 「落としどころ」を見つける
- □ 周りの目はシャットアウト!
- □ 「次善の策」を休みながら考える

思うようにいかないときに、希望は捨てずに、いったん回り道をする。これは充分ポジティブな考え方です。

「落としどころ」を見つける

他者との勝ち負けにこだわらない人は、上手な負け方を知っている人でもあります。「ここは負けてもいい」「譲歩しても問題ない」という判断ができるからです。

たとえば、取引先とトラブルがあって相手から何らかの要求を突きつけられたときに、**適切な「落としどころ」を見つけ、必要ならば頭を下げる柔軟性も持ちあわせて**

います。

こうした局面では、自らの正当性を主張し続けてもらちが明きません。むしろ、相手に譲歩する姿勢を見せて一歩引いたほうが、結果的に問題を長引かせず、ダメージを最小限に抑えられるものです。

見た目には損をしているようでも、トータルで考えれば得をすることが多いのです。

いずれにせよ、**物事がうまくいかなかったときに、「いったん退く」「レベルを下げる」「一部をあきらめる」など柔軟な負け方を意識することが大切です。**

周りから「負けたな」と評されても気にすることなどありません。一度負けたからといって、すべてが終わったわけではありません。チャンスはまだまだあります。負けた地点からもう一度やり直せば、再び目標に近づくことができます。

うまくいかなかったときは「いったん負ける」こともアリ

他人と同じなら不幸に感じない日本人

みんなの給与が下がれば不満に思わない

「民間給与実態統計調査」（国税庁）によると、2016年の日本人の平均給与は約421万円。1997年の約467万円と比較すると10％近く減少しています。

リーマンショック後の2009年には約406万円まで落ち込んでいましたから、やや持ち直しているのは確かですが、20年前よりも貧しくなっています。

しかし、国政選挙などを前にして、表立って自分の給与に不満を表明する人はほとんどいません。

では、日本の景気が良かったバブル時代に、みんなが自分の給与に満足していたかというと、けっして満足している人ばかりではありませんでした。

つまり、**周囲の人がみんな高収入を得ていれば自分はもっと収入を得たいと不満に思い、周囲がみんな低収入に甘んじていれば自分もなんとなく納得してしまう**のが人間という存在です。

「損したくない」という心理の強さ

人間の心理には「現状維持バイアス」という働きがあります。これは、変化によって得られるもの以上に、変化によって失われるリスクを恐れ、現状維持を望んでしまう傾向です。

人間には「損をしたくない」という心理が強く働くため、少しでも損をする可能性がある場合、現状維持を望む。

このような心理学の観点から経済学を説き明かし、ノーベル経済学賞を受賞したのが、アメリカの心理学者・行動経済学者であるダニエル・カーネマンです。ついでにいうと、2017年にも行動経済学者である、リチャード・セイラーがノーベル経済学賞を受賞しています。

日本で政権の不祥事が相次いでも、いざ選挙をすれば、与党が圧倒的な勝利を収める。この一因は、現状維持バイアスにあります。

とくに若い世代の人たちは、日本が好景気だった時代を知りません。最初から景気は低迷しているもの、という前提で育ってきたのですから、「今のままでいい」と考えるのも当然です。

日本人の「学力」が下がっている!?

長年受験指導に携わり、受験生向けの本を執筆してきたせいか、私は「偏差値肯定論者」のように思われています。

しかし、**実際は超偏差値否定論者です。**

偏差値は、集団のなかでどれくらいの位置にあるかを示す数値のことです。ですから、**30年前の受験生の「偏差値50」と、今の受験生の「偏差値50」とでは、学力がまったく違います。**

同時代の学力が全体的に低調であれば、自分に学力がなくても、簡単に平均以上の偏差値を出すことができます。偏差値主義に染まると、自分が努力して学力を上げるより、全体の偏差値が下がったほうが「ラクでありお得」という発想になります。

結果として、意識するにせよしないにせよ、勉強が仲間の足をひっぱり合うためのものへと変質してしまいます。あるいは、みんなが低学力なら自分も低学力で不満がないという発想に陥り、努力を放棄する方向に向かいかねません。

これは、収入が落ち込んでもなんとなく満足しているのと同じようなもの。かなり不健全なスタンスだといえます。

人間は「現状維持で満足しがちな生き物だ」と知っておく

他人と比べて、勝とうとすることの「無意味」

私が偏差値を否定する理由

私は、偏差値を上げるための受験指導をしたことはありません。東大の二次試験に合格するには必要とされる点数があり、その点数を確実に取るための勉強を教えているのです。

私が偏差値という基準が不毛だと思うようになったのは、灘高での体験がもとになっています。

灘高校には友だち同士で助け合って、一人でも多く東大合格者を増やそうという意識がありました。そのころ、同級生たちがよく言い合っていたことがあります。

「東大の理Ⅲは日本で最難関とされているけれど、４４０点満点中２９０点を取れば合格できる。文Ⅰは２５０点、理Ⅰなら２４０点で合格できる。合格できる点数が決まっているのだから、その点数を取ればいいだけで、偏差値を気にする必要などないはずだ」

当時、ある週刊誌に灘高校を舞台にした『小説灘高校』という作品が掲載されていました。小説では、「灘高生は友だちが受験勉強を苦にして自殺すると赤飯を炊いて喜ぶ」など、あることないことが描かれていました。

受験戦争をセンセーショナルに書くことが、受験に批判的な読者の鬱憤《うっぷん》晴らしになっていたのでしょう。

その当時は、受験勉強を否定的にとらえる風潮が強く、受験はギスギスした競争社会を助長するだけだ、などという論調が頻繁に聞かれました。

けれども、そうした批判のほとんどが本当の意味で受験を理解していない人から発せられているのを、当事者である私たちはよく理解していました。

「東大に合格できる点数を目指せばいい」

このような発想を持てば、同級生の足を引っ張って自分の偏差値を上げるよりも、お互いに助け合って点数を上げたほうがいいに決まっています。

ですから、灘高の生徒たちは助け合いながら自分のパフォーマンスを上げることに注力していました。

周りに勝つか負けるかよりも、自分のパフォーマンスを高めるほうが大事。私は、その教訓を灘高校で学んだのです。

他人と比較するという発想の貧しさ

人間を不自由にしてしまう代表的な行為があります。

「人と比べて勝ちたいと思うこと」や「他人から自分がどう思われているかを気にすること」です。他人と比較して幸せかどうかを判断することほど、精神的に貧しく、ばかばかしい生き方はありません。

たとえば友人にイケメン（あるいは美女）の恋人ができたとき、もっと条件のいい恋人を見つけようと躍起になったり、恋人がいない自分を不幸せに感じたりすることに、何の意味があるのでしょうか？　他人と比較して勝とうとしても不幸になるだけです。

友人に恋人ができたからといって、自分の価値が下がるわけではありません。

逆に、友人が素行の悪い恋人と付き合うことで、自分の価値が上がるわけでもないのです。

周りの人と比較している限り、周りに流される人生を生きることになります。

しかし、ほんらい人生は自分のものです。自分なりに人生の目標を立て、その目標を達成するために努力すればよいのです。

周りと比べることより、自分の価値を高めることが大切

お金という価値観がすべてではない

「勉強」は地位向上のためにあった

日本は長年にわたって「学歴社会」であるといわれてきましたが、実情は世界のなかの学歴社会とは異なっていたと思います。

簡単にいうと、学歴がけっしてお金を得るためとは限りませんでした。かつての日本では、社会的な地位を向上させるために学歴を得ようとする人たちがいたのです。

私が学生のころは、商売で成功した家庭の親が、子どもに学歴をつけさせようと必死になる姿をよく見ました。

すでに商売で成功しているのですから、貧しさから這《は》い上がるために学歴をつける必要はありません。彼らの多くは、商売で成功しながらも自らの学のなさにコンプレックスを抱き、子どもには社会的な地位を向上させようと考え、教育に力を入れていたのです。

一方で、東大を卒業して官僚になる人たちに対しては「自分たちは、ただお金を儲けている人たちよりも崇高な仕事をしている」という自負と矜持がありました。

ところが今はどうでしょう。

ビジネスで成功し高所得を得ている家庭では、あえて子どもを学問に駆り立てたりせず、「セレブ」などと称して早くは幼稚園、小学校から付属校に通わせ、ひたすら甘やかしています。

官僚予備軍だった東大生のなかにも、「官僚になるより外資系企業で高収入を得たほうがいい」と考える人も増えてきました。

要するに**「お金を持っている人がえらい」という価値観が蔓延し、その尺度のなかで人と比較して、自分の成功度合いを測るようになってきた**わけです。

オタクにこそ「幸福」がある理由

もっとも、ここに来て一筋の光明が見えつつあります。今の社会が「ポスト資本主義社会」などと呼ばれるようになり、お金は多様化する価値の一つであるとする考え方が生まれてきました。

私は、**オタクやフリークと呼ばれる人たちに幸福があると考えています。**お金さえ出せば貴重なコレクションを集めることができるコレクターと違い、オタクやフリークの人たちは、たとえば「廃墟を見る」などの体験や、ＳＮＳでの発信の評価などを重視します。

ラーメンフリークであれば、高級グルメを楽しむ人のように高額なお金を投資しなくても、おいしいラーメンを楽しむことができます。

お金で他人と自分を比較するという価値観から自由になれば、人生を楽しむ余地はたくさんあるわけです。

他人と自分を比較している限り、自分の行動は大幅に制限されます。他人の目を気にしているから、常に不安に怯《おび》えたり、満足できなかったり、あるいは満足しなくてもいいレベルで満足してしまったりするわけです。

しかし、人生の満足のラインを決めるのは、あくまで自分自身です。好きな趣味に没頭できれば満足という考え方もできるし、自由に仕事ができれば収入が少なくても満足という考え方もできます。

自分で満足のラインを決めれば、人生はもっと生きやすくなります。

人生の満足を決めるのは、他人ではなく自分自身である

「自分がやるべきこと」にできるだけ早く着手する

「自分のペース」を大事にしよう

他人のペースに惑わされず、自分のペースを守るうえで重要なのは、「自分がやるべきこと」を明確に持つことです。

やるべきことは、人によってさまざまです。

会社員であれば会社で与えられた仕事であり、受験生であれば受験勉強であり、専業主婦であれば家事や育児などです。

やるべきことを見据えて、とにかく取り組んでみる。これがマイペースで生きる最善の方法です。さしあたりやるべきことがなかったら、休養したり趣味に取り組んだりすればよいのです。

重要なのは、**自分でやるべきことを見つけて、それに没頭することです。他人の動きや発言などに左右されてはいけません。**

「みんながアウトドアを楽しんでいるから、自分も外に出たほうがいいのかな？」

「専業主婦という生き方はもう古いのかな？」

このように周囲の動きに惑わされるから、自分のペースを見失うのです。

マイペースになれば、焦らない

やるべきことが見つかったら、とにかく手を動かしてみる。

どんなことでも自分のペースで始めれば、不思議と気分がよくなります。

仕事でも趣味でも、そうやって淡々と続けていると、少しずつでも確実に成果が積み上がっていきます。当初は大きくて達成不可能に見えた大きな目標にも確実に近づいていきます。

手を動かしてみれば、目の前の対象に集中できるので、あれこれ余計なことを考えずにすみます。

「やるべきこと」に早く着手した人は、精神的にリラックスしているので、途中で停滞することがあっても焦りません。

これに対して、着手までに時間がかかる人は、テンションを高めたり、手順を考えたりするのに労力を使ってしまいます。

いざ着手してからも、他人の動きが気になり、「追いつこう」「負けていられない」などと考えて焦ります。

だから常にプレッシャーを感じることになるわけです。

自分のペースで早めに着手できた人は、早々に「やるべきこと」を終えます。ですので、次に取り組む対象を見つけて、さらに早めに着手できます。そうやって、どんどんできることを増やしていきます。

たとえば仕事でマイペースを保っている人は、たんたんと一日の仕事をこなし、終業後はプライベートの趣味や勉強会などに参加しています。

こういうタイプの人は、職場内ではどちらかというと寡黙なので目立ちませんが、ちょっと話してみると教養の深さに驚かされることがあります。それは堅実に仕事をこなし、プライベートにも全力を注いでいるからです。

つまり、他人に惑わされずに早めにやるべきことに着手している人は、仕事もプライベートも充実させられる人でもあるのです。

マイペースな人は、自分のテーマに集中している

第5章

「今やらなきゃ」思考

「最後にできればいいや」思考

焦ってやると、だいたい失敗する。
回り道を恐れずしっかり生きよう

今すぐ結果を出さなくていい

「スピードが命」のプレッシャー

昨今は「スピードが命」「今すぐに結果を出すのがよい」という風潮が一般に共有されていると感じます。象徴的なのが、2013年の新語・流行語大賞の年間大賞に選ばれた「今でしょ！」というフレーズ。これは、予備校講師の林修さんがテレビCMで口にしたことから、一気に火がついた言葉です。

「今でしょ！」が人口に膾炙《かいしゃ》したころから、「今、やらないと出遅れる」「遅れたら取り返しがつかない」というプレッシャーが強くなってきたように思えます。

もちろん、本書でもお伝えしたように何事も結果が出るまでは「やってみなければわからない」わけなので、思い立ったときにトライしてみる姿勢は大切です。早く試したぶんだけ、可能性を探る機会は増えます。

ただし、答えを出すのを急ぐ必要はありません。最後に結論を出したり、結果を残したりするのは時間をかけてもいいのです。何回も試して、一番いいと思える答えを選ぶ姿勢が重要であり、「スピードが命」ではないのです。

焦るから、判断を誤る

「一度持ち帰って資料を精査して、後ほど回答いたします」

これは典型的な「官僚答弁」のフレーズであり、スピードが求められる今のビジネスにはそぐわないと思われがち。ですが、基本的には時間をかけて調べたほうが、いい答えが出るに決まっています。

「振り込め詐欺」などは、スピードに追われる現代人のプレッシャーを巧妙に利用した犯罪です。

「午後3時までにお金を用意しないと会社をクビになる」

「あと1時間で手形が不渡りになる。今、上司とお金をかき集めている」

振り込め詐欺の犯人は、今すぐお金が必要な状況を訴え、被害者を思考停止状態に追い込みます。冷静になってみれば、不自然な要素がたくさんあるのに、言われるがまま被害に遭うケースが後を絶たないのはそのせいです。


人は考える時間が短いほど、判断を誤る可能性も高くなります。衆院選の公示日から、選挙運動ができる投票日の前日までの期間は12日間です。その短期間で国政を左右する選挙の候補者を選ばなければならないのです。知名度が高い人物、親の地盤を持った人物が有利になるのは当然です。また、一時的に追い風が吹いた政党に票が流れる傾向も簡単に起こります。選挙後に不祥事や失言で失脚する議員が相次ぐのは、短時間で結論を出していることと無関係とはいえません。少なくともアメリカなどでは選挙期間1年などというのが当たり前なのですから。

大事な決断は、やはり時間をかけて行ったほうがいい

人生の選択も、今焦らなくていい

焦って選択するから失敗する

「29歳症候群」という言葉があります。30歳を目前に控えた女性が、結婚や出産、仕事面でのキャリアアップを果たしていない現状に焦り、「このままでいいのだろうか？」と思い悩む様子を表した言葉です。

近年は晩婚化の風潮を反映して「39歳症候群」という言葉も耳にするようになってきました。

40歳という節目を前に、29歳と同じような悩みに直面する人がいます。

けれども、焦って得することはありません。

「30歳までにどうしても結婚したい」
「30代のうちに結婚しないと子どもも期待できない」

こうした焦りが選択の間違いを招きます。

焦って結論を急いだ結果、不本意な相手と結婚したり、早々に離婚したりするケースもよく聞きます。

20歳の人にしてみれば、25歳が人生の何かのリミットのように感じられます。それが29歳にしてみれば30歳に、39歳にしてみれば40歳になるのでしょうが、俯瞰《ふかん》してみれば、焦る必要などないことばかりです。

29歳で焦って結婚するより、31歳で知り合った素敵な相手と結婚したほうが幸せな家庭をつくることができそうですし、それは40代になっても同じです。

今は離婚の件数も増えています。

30代で離婚して、40代になってから再婚する可能性も充分に考えられます。それどころか70代になってから「熟年離婚」して、余生を好きな恋人と連れ添うケースもあります。

長期的に考えれば、焦らず、たくさんの人とかかわりながら、ベストなパートナーを選ぶことが大切なのです。

人生を俯瞰してとらえる視点

私は幸運にも現役で東大に合格しましたが、実際に入学してみると、浪人を経て入学した学生のほうが、しっかりした考えを持っている人が多いという事実に気づきました。

彼らは浪人中に、将来のビジョンを固めているので、強い意志を持ってサークルに加入したり、大学に入ってすぐに司法試験の準備に取りかかっていたりしたのです。

医学部の教授を見ていても、浪人経験がある人のほうが、適任と思うことがよくあります。

自分の適性を見極める時間を持ったからでしょう。そう考えると、浪人は単なる回り道とも言い切れなくなります。

社会人になってからも同じです。今にこだわると、嫌な上司の下で働くことに我慢できなくなり、上司と衝突したり転職を繰り返したりすることになりかねません。

しかし、「あと数年我慢すれば上司も替わるし、状況も変わる」と思えば、余裕を持って物事を判断できます。

いずれにせよ、**「今すぐ結果を出さなくてはならない」という脅迫観念から、もっと自由になるべきです。**小さなトライ&エラーを繰り返しつつ、重要なことは時間をかけて答えを出すスタンスを取れば、大きな間違いは回避できるのです。

「今すぐ結果を出す」というプレッシャーから自由になろう

「できるところ」まで引き返す勇気

「どこまで戻れば一番になれる？」

私が受験勉強の停滞に悩む人によく尋ねる問いがあります。

それは**「君は何学年下がったら一番の成績になれる？」**という質問です。

たとえば成績が落ち込んでいる高校3年生がいます。この高校3年生が、中学3年生のクラスに入れば成績が一番になれるとしましょう。そうしたら、中3レベルまで戻ってそこから勉強をやり直せばよいのです。

もちろん制度上、中学3年生に戻ることはできませんが、学習塾ならやり直しは可能です。中3のクラスからトップの成績を維持すれば、3浪しても志望校に合格できる可能性は高くなります。

もし高3クラスのまま受験予備校に進んでも、全員同じ内容の授業を受けるわけですから、「わからない」状態が続くだけ。わからない状態でいくら勉強をしても、けっしてわかるようにはなりません。志望校合格はますます遠のいてしまうでしょう。だから、勉強がわからないまま足踏みするよりも、一度、中3クラスまで引き返したほうが、結果的に志望校に合格しやすいはずです。

10代から20代の初めに2年も3年も浪人すると、とてつもなく出遅れたように感じるかもしれませんが、**大人になれば浪人経験のあるなしなど、ほとんど問題になりません。**言い古されたことわざでいえば「急がば回れ」です。

「今日中に終わらせなければならない」は本当？

受験勉強に限らず、何事も時間をかけさえすれば、解決策が見つかることはたくさんあります。残業が増えてしまうのも、「今日中に終わらせなければならない」とい

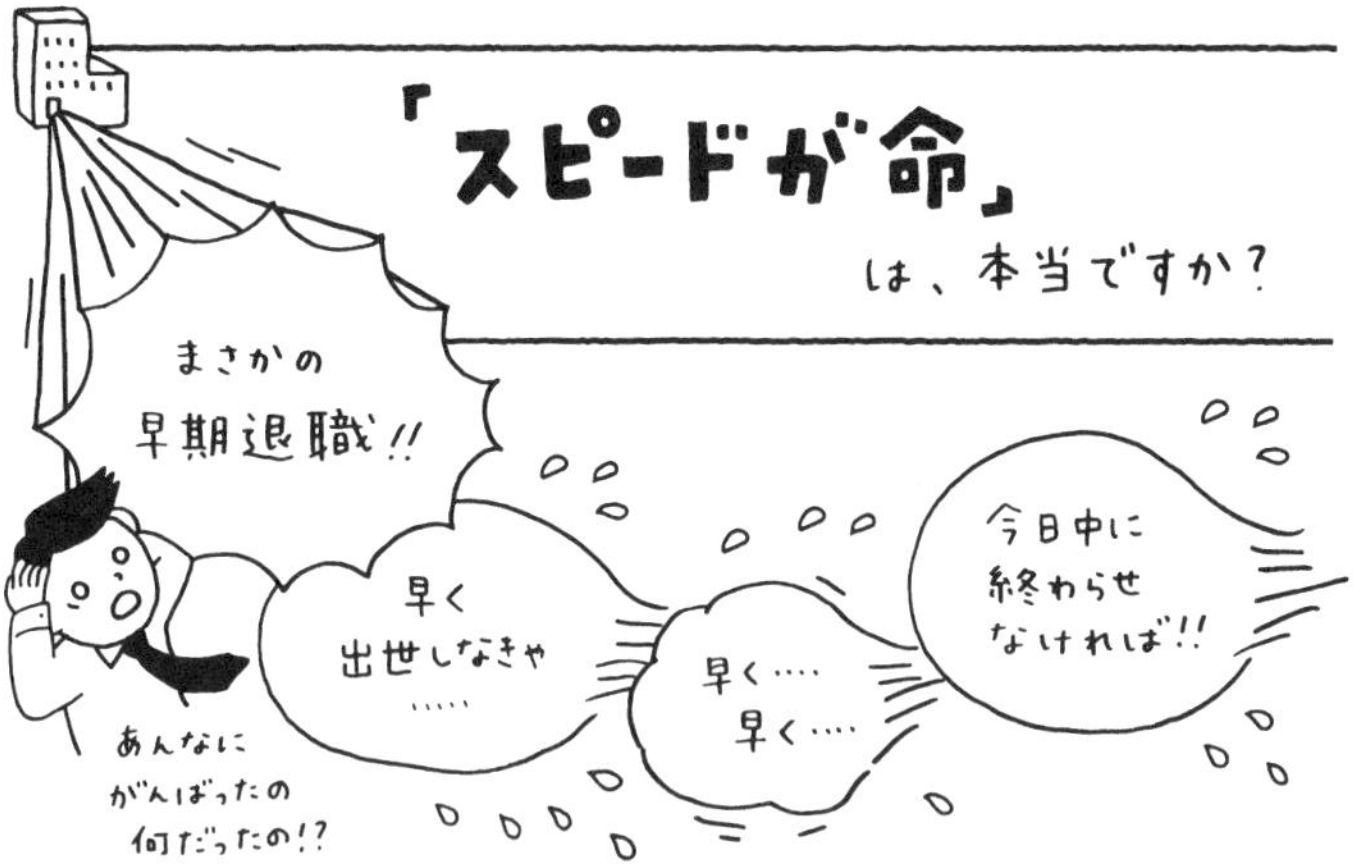

うプレッシャーが強すぎることに一因があります。

冷静になれば、後回しにしてもかまわない仕事はいっぱいあるはずです。

早く仕事をして、早く出世をして……あなたがその先に求めているのはいったい何でしょうか。もしかすると、早期退職などという笑えない現実を突きつけられる可能性はないでしょうか。

仕事ぶりが認められ、若くして出世できるのは、一見、理想的なシステムのように思えます。しかし、１００歳が当たり前の長寿社会にはそぐわない人事登用だと私は考えます。

会社員をアスリートのように使い捨てにするくらいなら、ゆっくり息長く働き続けられるシステムをつくったほうがよいと思うのです。

「スピードが命」という思考パターンを押しつけている元凶中の元凶がテレビです。テレビのワイドショーやバラエティ番組では、場の流れを読んで当意即妙に面白いコメントを口にできる人が「頭が良い」と評されます。

けれども、**私から見て本当に「頭が良い」と思える人は、すぐに鋭いコメントを発する人ではなくて、さまざまな可能性を考えられる人です。**さまざまな可能性を考えられる人は不測の事態を迎えても、柔軟に対応できるからです。時間をかけても、さまざまな可能性の中から最善の選択をすることが重要なのです。

焦らず「自分のペース」でゴールを目指そう

「人生の頂点」はいつがいい？

見舞客がとぎれない人の理由

私は、若い頃、都内の病院に設けられた高齢者専門の精神科で働いていました。

一般病棟には、リタイアした元国会議員の大臣経験者や、一部上場企業の元社長など、華麗な肩書きを持つ人たちも入院することがありました。

そういった人たちを数多く見ているうちに、ふと気づくことがありました。彼らのなかには、人脈の幅広さから見舞客がとぎれない人がいる一方で、ほとんど見舞客も来ず独り寂しく晩年を過ごしている人もいたのです。

この違いは、いったい何に起因しているのだろう。

いろいろと人に聞いたりするうちに、だんだんと実情がわかってきました。

要するに、**見舞客がとぎれない人は「目下の者をかわいがっていた人」であり、孤独な人は「目上にこびへつらっていた人」だったのです。**

現役中から目下の人をかわいがっていた人は、リタイアしてからも恩義を感じている人たちに囲まれ、いつまでも体調を心配されたり、相談ごとを受けたりします。

これに対して、目上にこびへつらうことで出世を成し遂げた人は、往々にして目下の人からは嫌われています。目上の人は時間が経てばリタイアし、やがてこの世を去っていきます。最終的に自分を嫌っている目下の者だけが残るので、誰からも相手にされなくなるという単純な理屈です。

現役のときに出世したという意味では同じでも、人生の最後ははっきりと明暗が分かれてしまう。

この事実を目の当たりにした私は、「しょせん社長になるにしても大臣になるにしても、長い人生から見れば、中間地点である」「人生は最後に笑った者が勝つ」という教訓を、深く心に刻んだのです。

出世から脱落しても問題なし

大企業に就職した人は、一般的に「エリート」といわれ、華々しい人生を送っているとされています。

けれども、実際には入社5年目くらいに社内で「出世組」「非出世組」に選別され、出世組に入ることができなかった社員は、そこから長く定年まで挫折感を味わいます。

恵まれた環境である大企業で働いていることには変わりないのに、出世コースから外れたとたんに惨めな思いをしながら残りの会社員生活を送る。 そんな彼らはとても幸福そうには見えません。

次官レースから脱落したエリート官僚も、よく似ています。キャリア官僚の場合、同期の一人が事務次官に就任すると、それ以外の人たちは全員退職し、特殊法人や外郭団体などへと移ります。なかには出世には無関心でたんたんと仕事をしている人もいるのでしょうが、出世から脱落して人生に絶望する人もいます。

しかし、**出世コースから外れたといっても、残された人生はまだまだあります。**

今は「人生100年時代」といわれます。仮に40歳で出世コースから脱落しても、あと60年の人生があるのです。60年も落ち込んだまま人生を過ごすなんて、どうかしていますし、不幸そのものと言えるでしょう。

たとえ官僚として次官になれなくても、テレビコメンテーターになる道もあれば、大学教授になる道もあります。

決められた時期に出世できなくても、何も焦る必要などないのです。

47歳で映画監督デビューしたメリット

私も、かつて自分の人生に焦っていた時期がありました。

もともと映画監督になるという目標をかなえるために医学部に入学したという話は前述しました。

しかし、医学部を卒業し、医者にはなったものの、映画を撮るチャンスはなかなか巡ってきません。そうこうするうちに20代が終わり、30代が終わり、映画監督としてデビューしたのは47歳になってからでした。

47歳での監督デビューは、遅咲きの部類に入ります。ただ、最近になって遅咲きでも悪くない、むしろ遅咲きでよかったと思えるようになってきました。

というのも、若くして映画を撮り始めたものの、50歳や60歳で70歳をすぎて映画を撮れなくなった監督はたくさんいます。しかし、デビューの遅かった私は、70歳をすぎても80歳をすぎても監督を続けられるような気がします。

だから、何も悲観する必要などないと思えるようになったのです。

いつから始めても遅くはない

現役を引退したアスリートがコンビニで万引きをして逮捕されたとか、覚せい剤に手を出して有罪判決を受けたとかいうニュースを目にします。

あるいは、若くして芸能界で活躍した人が、後年ファンからお金をだまし取ったという話もあります。

もちろん、若いときに成功したキャリアを生かして、さらなるキャリアアップを果たす人がたくさんいるのは事実です。

けれども、若くして成功したからといって、その後の人生の成功が保証されているわけではないというのも事実なのです。

人生は最終的な業績で判断されるものです。

若いときに挫折を経験した人が、そのときの劣等感をバネに、スキルを磨いてのちに大成するケースもあります。

だから、いつから何を始めても遅くはないですし、常に人は幸せになるための努力をしたほうがいいのです。

若くして成功できなくても、最後に成功できればいい

将来のために努力する意味

不安を持ったときの二つの対処法

不確実な世の中にあって、人が不安を持つのは当然です。多くの人が、大なり小なり将来に不安を持っています。

「ＡＩ化が進むと、職を失うことはあるのだろうか」

「子どもは社会から脱落することなく、幸せに生きていけるだろうか」

不安そのものは、人間として自然な心情です。だから、不安を持つことを嘆いても仕方のないことです。

ただ、**不安を持ったときの対処法は二つに分かれます。**

一つは、他人にすがって不安を乗り越えようとすること。そしてもう一つは、自分の力で不安を乗り越えようとすることです。

会社にしがみついても意味がない

今や大企業でも、会社が将来にわたって安定しているか不透明な時代です。会社の業績が下降すれば、自分がリストラ候補となる可能性もあります。そこで、将来のリストラを回避するために、必要以上に会社に媚びようとする人がいます。

力のある上司や人事部の覚えをめでたくしておけば、なんとかなるというもくろみなのでしょうが、あまりにも見通しが甘すぎます。

いよいよ業績が低迷した会社に、温情などを持ち出す余裕はありません。どんな社員もリストラの対象となります。

そもそも会社が倒産してしまえば、人事部の覚えなど、何の意味もなくなります。

「いざとなったら私が面倒をみてやる」

飲み会の席ではそう言っていた上司が、いざ倒産の危機に瀕すると、真っ先に会社から抜け出してしまうというのは、ごくありふれた話です。

会社に揉《も》み手をしながら不安を解消するくらいなら、何か資格でも取ったり、転職市場における自分の価値を測っておいたりするほうが、はるかに建設的です。

エリート銀行を見限った同級生

かつて日本興行銀行という銀行が日本に存在していました。新入社員の8割超が東大卒ともいわれた超エリート銀行です。

この日本興行銀行は、富士銀行に吸収合併され、第一勧業銀行とともにみずほコーポレート銀行（みずほ銀行）へと統合されました。

私の東大の同窓生にも日本興行銀行に就職した人がおり、六本木ヒルズのヒルズクラブで某有名作家と食事をしていたとき、偶然再会する機会がありました。

彼の話によると、合併時に迷わず退職し、外資系銀行へ転職する道を選んだといいます。このまま合併後の銀行にいても、他行の出身者に出世で先行されて、冷や飯を食わされるのが目に見えていたからだといいます。

どうやら彼の選択は正しかったようです。

収入は増えたようで、あたり前にヒルズクラブで食事をしているわけですし、第一、見た目にも楽しそうでした。会社にしがみつかなくても、仕事さえできれば、よりよい働き方はできるわけです。

難関大卒だけど看護学校へ

最近、早稲田大学や慶應大学などを卒業して一般企業に就職していた30代くらいの女性が、看護学校に入学してキャリアをやり直そうとするケースが多い、という話を聞きました。

「せっかくキャリアを積んできて、今さら3年間も看護学校に通うのか。ただの回り道ではないのか」

そう思う人もいるかもしれません。

しかし、仮に40歳で看護師になっても、健康でいれば70代まで現役で仕事を続けることができますし、安定した収入も得られます。

回り道のように見えて、実は堅実な道といえます。

このように、今に不安を抱えているのなら、将来に向けた行動を取るべきです。

有名大学卒であることが足かせになって、動けない人が多いなか、この女性のように将来に向けた行動を取ることができれば、将来のリスクを乗り越える力は確実に高まります。

人生のなかには、回り道をする時間も必要

今が嫌だったら逃げ出していい

楽しそうなマイルドヤンキー

数年前、マーケティングアナリストの原田曜平さんが「マイルドヤンキー」という概念を定義し、話題となりました。

マイルドヤンキーは、地方に在住する若者の傾向を一つのカテゴリーにしたもので、主に「地元愛が強い」「家族や仲間とのつながりを重視する」「週末はショッピングモールで過ごす」などの特徴があります。

マイルドヤンキーは、上昇志向もなく、学歴も年収も低く、保守的で新しい価値観を理解できない、など、ネガティブな文脈で語られることもあります。

私も最初に聞いたときには、マイルドヤンキー的な生き方のどこが面白いのか理解できなかったのですが、よくよく考えているうちに、意外に幸せかもしれないと思うようになってきました。

別に社会的な地位がなくても、気の合う仲間と毎週楽しく缶チューハイなどを飲んでいれば、それなりに楽しい毎日を過ごすことができます。老後になっても、地元の仲間と支え合うことで、これといった不安もなく生きられそうです。

少なくとも、都会で厳しいプレッシャーのもと心身ともにすり減らし、長時間労働もいとわず長年会社に貢献した結果、あっさりリストラされ、配偶者からも三下り半を突きつけられ、一人さびしく生きていくのと比べたら……。いかがでしょうか。私は幸せそうだと思ってしまいます。

「今この世界」がすべてではない

ただ、マイルドヤンキーにも問題はあります。

仲間同士の序列という問題です。

スクールカーストという言葉があります。学校内で生まれる生徒間の序列を、身分制度であるカースト制度になぞらえたものです。

人気がある生徒は階層の一軍になり、以下、二軍、三軍という異様な上下関係が成立しているというわけです。

それは学校という、ごく狭い世界の話であり、一歩社会に出てしまえば、まったく違う人間関係を構築できるはず。なのですが、地方の人間関係はそれを許さない側面があります。

岡山県出身のホラー作家である岩井志麻子さんから、こんなお話を聞いたことがあります。地方では、東大を卒業していようが、どれだけ社会的に高い地位に出世していようが、地元の同窓会などに参加すると、当時「パシリ」をさせられていた人は、やっぱりパシリ扱いされてしまうというのです。

つまり、**中学生くらいのときの上下関係を、数十年経ってもずっと引きずっている**

わけです。都会で育った私には、まったく理解できないメンタリティーです。

マイルドヤンキーの内輪で厳然たるヒエラルキーが構築されているとしたら、「三軍」に甘んじている人は非常につらいと思います。

私が言いたいのは、「今のこの世界がすべて」という考え方は捨てるべきだということです。肩書きや今の居場所にこだわると、その小さなコップから抜け出せなくなります。

都会で心身をすり減らす生き方も、マイルドヤンキーの生き方も絶対的ではありません。嫌な環境と思うなら、絶対に逃げるべきです。世界には逃げ場がいくらでもあるのですから。

「今のこの世界がすべて」なんて思わなくていい

「目的を持っている人」だけに学べること

「気骨ある政治家」は教えてくれる

内閣改造のニュースを見るたびに感じるのが、大臣に就任しただけで浮かれている政治家の多さです。本人はそれなりに神妙なつもりで、「責任を持って大役を果たしたい」などと、それらしくコメントするのですが、態度の端々に地位を得たという高揚感がにじみ出ています。有《あ》り体《てい》にいうと、はしゃいでいるのです。

「私はこういう政策を実現するために大臣になった」

など、実現したい目標を掲げて大臣になる人が少ないのはなぜでしょう。私には、やりたい政策は二の次で、大臣の椅子を得ることがすべてのように見えてなりません。

ちなみに、ソ連の最後の大統領であったミハイル・ゴルバチョフは、ソ連共産党で虎視眈々《たんたん》とチャンスをうかがい、トップである党書記長の地位に上り詰めてからは、体制を次々と刷新し、ロシア語で「建て直し」「再建」を意味する「ペレストロイカ」を断行しました。彼の政治活動には、ソ連を改革するために地位を得るという明確な意図を感じます。

歴史を振り返れば、日本にも過去には気骨のある政治家がいました。たとえば明治期の外交官、政治家であった小村寿太郎は、日露戦争後にロシアとポーツマス条約を結んだ人物として知られています。

日露戦争末期には、財政的にも日本がロシアと戦争を継続するのは困難になっており、講和会議においてはロシアに譲歩をしてでも戦争を終結させる必要がありました。

ところが、そういった状況を知らない国民は、ロシアを向こうに回しての勝利に沸き立ち、当然巨額の賠償金と領土の一部を得るものと信じて疑いませんでした。

小村は、ロシア側の代表であるセルゲイ・ヴィッテを相手に、連日タフな交渉を繰り返し、ついに講和条約の調印へとこぎ着けます（このあたりの駆け引きは吉村昭の『ポーツマスの旗』（新潮文庫）に詳しく描かれています）。日本に帰国した小村は、講話の条件に失望した国民から大バッシングを受けることになります。講話条約に反対する民衆が暴徒化し、東京の日比谷では焼き討ち事件まで起こりました。

しかし、今では小村の外交手腕は、おしなべて高く評価されています。小村は信念にしたがって仕事をしたのです。

たとえば私が「相続税を100パーセントにすべき」などと言うと、猛烈な勢いで批判を受けることがあります。でも、今は突拍子もないアイデアかもしれなくても、100年200年後には、当然の制度になっているという確信があります。少なくとも、200年も経てば富の偏在は解消され、今の人が封建時代の人をかわいそうに思うように、後世の人たちから「200年前は金持ちの子が自動的に金持ちになれる、なんて不平等で正義のない時代だったんだ」と哀れみの目で見られるようになるものと、私は信じています。

現在でも、日本人は子どもに財産を残そうとしますが、アメリカでは寄付をして社会に還元しようとする風潮があります。

たとえばスタンフォード大学は、大陸横断鉄道の一つであるセントラル・パシフィック鉄道を創立したリーランド・スタンフォードの私財をもとに設立された大学です。この大学から、今日、さまざまなスタートアップが生まれ、世界のイノベーションを牽引しているのはご存じのとおりです。スタンフォードという人名と功績は、後世の人々の記憶にもずっと残っています。

今の正しさは絶対ではありません。

過去や今だけでなく、将来を見据え、目的を持って選択したり行動したりすることが重要ということです。

今の正解ではなく、将来の正解を見据えて行動しよう

第6章

「完全主義」思考

「合格点主義」思考

もともと満点は不可能。

「できない」と割り切れば自信が生まれる

満点を取らなくても東大に合格できる

「290点取ればいい」

先にも書きましたが、私はある時期から100点満点を取るよりも、合格に必要な点数を取ればいいという感覚で生きてきました。

たとえば、東大の理Ⅲを受験したときもそうです。

440点満点を目指そうとすると「1点も落とせない」というプレッシャーに押しつぶされそうになりますが、灘高にいて情報をつかんでいた私は「290点取ればいい」と割り切っていました。

受験科目の中で国語を苦手としていたものの、あえて苦手を克服しようとは考えませんでした。たとえ国語で点数を稼ぐことができなくても、ほかの得意科目でフォローすれば合格点に達することはできます。

たとえ国語が10点しかとれなくても、数学で100点取って、理科で100点取って、英語で80点取れば290点になります。

トップの成績で合格するつもりなら相当な勉強が必要でしょうが、私は合格さえすれば順位にこだわりはありません。

割り切って考えれば、気が楽になります。

高校3年に進級し、世の中の高校3年生が受験に焦りだしてからも、私は泰然としていました。もちろん受験勉強にも集中していましたが、高校3年生の年も、観たい映画だけは妥協しませんでした。

当時は、DVDはもちろん、VHSのビデオもありませんでしたから、週に1回(勉強がはかどれば2回)は学校帰りに映画館に入り浸り、5本立ての作品を見続けた結果、順調に本数を重ねていました。

得意分野だけ伸ばす

私は大学に合格したら、映画監督になるための準備をすぐに始めようともくろんでいました。当時温めていたプランでは、入学後に映画研究会で、映画を撮るための経験を積むつもりでした（結果的に、映画研究会に入っても映画監督にはなれないと気づき、マスコミ関係者と知り合うためにアイドルプロデュース研究会を立ち上げたのですが）。だから、高校生のうちにたくさん映画を観ておく必要があると考えたのです。

いずれにせよ、完全主義ではなく、合格点主義の発想を持てば、苦手分野の克服に苦しむよりも、得意分野を伸ばせばいいという人生観に切り替えることができます。

合格点主義の発想は、日常のあらゆる場面で応用できます。

たとえば、多くの人は物知りになるためにせっせと読書をしています。一冊の本からできるだけたくさんの情報を得ようとしています。これは典型的な完全点主義のスタンスです。

すべてのページを読むことが読書ではない

日本を代表する
ジャーナリストは言った。
大宅壮一
本は読むもの
ではなく、
引くものだ。

私にとって本は、考えるきっかけをつくる道具です。わからないところ、必要な知識を増やすためのツールです。ジャーナリストの大宅壮一は「本は読むものではなく、引くもの」という言葉を残しています。まさに名言であり、雑誌に限らず本も同様です。

私は、本も必要なところしか読みません。目次をパラパラとめくって、気になる見出しだけを読むこともあれば、1章だけ読んで終わりにすることも多々あります。

それでも、必要な情報は得られるのです。

「完璧な仕事などない」と割り切る

私自身、「合格点をクリアすればいい」と割り切れるようになってから、たくさんの本を執筆できるようになりました。そういうと、自ら手抜きを告白しているようですが、手抜きを決め込んでいるつもりはありません。

そもそも世の中に完璧な内容の本など存在しません。基準があるとすれば、合格点をクリアしているかどうか。合格点を決めるのは読者であり、合格点をクリアしなければ本が売れなくなり、私のところにも執筆の依頼がこなくなるでしょう。

合格点をクリアすれば、細かい部分にはこだわらなくていい。それよりは今言いたいことを積極的に発信していこう。そのスタンスで執筆しているので、どんどん筆が進むというわけです。

合格点をクリアできれば、細かいことにはこだわらない

「長所だけ伸ばす」という発想を持つ

人は「自分の短所」が見えにくい

今は、公人に完全な人間性を求める時代です。芸能人は不倫疑惑が報道されただけで、仕事を失ったり、休養を余儀なくされたりすることもめずらしくありません。

しかし、それほどまでして１００点を求める理由は何なのでしょうか。

「あの人は人格者とは言いがたいけど、演技は他の追随を許さない」

演技者としては、それで充分ではないでしょうか。

人間はもともと相手の長所が見えて、短所は見えにくいという「認知特性」を持っています。**他人の長所を見て「うらやましい」と感じ、自分の短所を見て落ち込む。**

だからこそ、「隣の芝生は青い」ということわざが生まれるわけです。

いずれにせよ、完全主義者は、視野が狭くなりがちです。

たとえば完璧な掃除を目指せば目指すほど、ちいさなゴミやホコリに目が行き、いつまでも掃除が終わりません。

これに対して、合格点主義の人は「一通りきれいになったし、よしとしよう」と割り切れるので、別の新たな課題に取り組むことができます。

満点を取ろうとするから落ち込む

ビジネスもまったく同じです。

完全主義者は、完璧な書類をつくろうとして、いたずらに時間を費やします。満点を取ろうとするあまり、欠点に目が行って、その修正に追われるからです。なかには、提出期限に遅れて、かえって評価を下げる人もいます。

また、自分で満点だと思えないと精神的に落ち込み、精神的なダメージを受けるケースもあります。

そもそも、自分では100点満点を取ったつもりでも、周囲から満点の評価が得られるとは限りません。社会人になってからは、自分の仕事を評価するのは、自分以外の人たちです。テストの点数のように客観的な基準もありませんから、満点を取りたくても取りようがありません。

職場では、とりあえず提出期限に間に合わせて仕事をすれば、上司が手直しをしてくれたり、修正のアドバイスをくれたりします。周囲の結果を踏まえてやり直したほうが、一人で満点を取ろうとするよりも、はるかに好結果になりやすいのです。

合格点主義のスタンスに立てば、不得意分野は同僚や部下に頼ればいいという発想にも自然とつながります。

短所を改善するより、長所を伸ばしたほうがラク

傲慢《ごうまん》な人ほど、「負け」を認められない

自分の「負け」を認められない人

完全主義の人は、自分の負けを素直に認められないという共通点を持っています。たとえば、プレゼンが全体的に低調に終わったとき。人間だから、ときには調子の悪い日もあるはずなのに、他人から「いつもより調子がよくなさそうだね」などと言われると、むきになります。むきになって「いや、そんなことはない。調子が悪いなんて勝手に決めつけるな」と言い返そうとします。

しかし、反論したところで相手は「そうなんだ。調子が悪くなければそれでいいよ……」と言って終わりです。何か状況がよくなるわけではないのです。

素直に負けを認められない人は、負けを認めるのが怖いため、むしろ常に「負け」を意識しています。常に自分を追い込んでいるため、気持ちが休まるときがなく、プレッシャーを抱えてしまうのです。

「負け」を認められる人の強さ

私が長年受験指導を続けてきて断言できるのは、負けを認められる受験生が最後に勝つという事実です。

彼らは、最終的に志望校に合格しますし、仮に合格しなかった場合も、目標を見失わずにチャレンジする強さを持っています。

そもそも完全主義の受験生は、手を抜くことを知りません。テストの第1問から全力で挑み、難しい問題にぶつかったときにあきらめられないのです。いたずらに時間を費やし、結果的に実力相応の点数が取れないことのほうが多いくらいです。

一方で、負けを認められる受験生は違います。彼らは、苦手な問題や難しい問題は、さっさとあきらめて後回しにします。

すぐに負けを認められるので、ムダな時間を費やしません。結果として、確実に問題を解いて点数を積み上げ、合格するというわけです。

負けを認められない人は「自分は何でもできる」と思い込んでいます。

それはおごりやうぬぼれと言われてもしかたありません。それでいて、自分の完全主義を自覚していません。自分では「全部できるわけない」などと言いつつも、実際にはあきらめをつけるのを恐れています。

負けを認められる人は、うぬぼれていません。自分の限界を自覚しているので、卑屈になることもありません。その代わり、得意なことで勝てばいいと思っています。彼らは人生をポジティブに生きているのです。

「負けてはいけない」は本当か?

人は誰でも仕事や人間関係でつらいと思う経験をしています。そこで完全主義の人は「負けてはいけない」「逃げたら終わりだ」などと考え自分を追い込みます。

しかし、負けたら本当に終わりなのでしょうか。

負けてはいけないと、いったい誰が決めたのでしょうか。

誰だって、すべてにうまくいくことなんてありません。にもかかわらず、「自分だけはうまくいく」「自分は負けてはいけない」と思い続けるのは、ただの傲慢です。

実際、プロ野球だって6割勝てれば優勝できるように、成功者のなかで全部勝っている人はほとんどいないでしょう。

「苦手なんだから負けてもいい」「負けても問題ない」とあっさり認めたほうが気持ちはスッキリします。そのかわり、勝てるところで勝てばいいと思うので、勝ちを重ねていけるのです。**繰り返しますが、「負け」を認められる人のほうが強いのです。**

「負け」を認められる人のほうがうまくいく

「できないものはできない」と割り切る

「できない」という余裕が自信につながる

どんなに困難に突き当たっても「やればできる」。そう考えている人は、常に困難と対峙《たいじ》しているので、頭の中を困難が占拠しています。

でも、**合格点主義になれば、困難を回避して回り道を選ぶことができます。**彼らは、人生は一直線ではなく、自在にカーブを描くことができるという信念を持っています。

「できないものはできない」
「できることに集中すればいい」

ある種の開き直りの境地に達しているので、すべてのことに余裕を持って取り組めます。

人生を俯瞰すれば、今直面している困難は、ただの通過点にすぎないと気づきます。失敗があっても、そこから挽回できたから今生きていけるのだとか、まわりにもそんな人がいることが見えてきます。そこからカーブしてどんな道を選んでもゴールを目指すことは可能です。改めて自由なルートから「合格点」を目指して行動できるのです。

困難を回避したからといって、問題になるケースなどほとんどありません。

その証拠に、あなたの周りにもできないことはすぐにあきらめて、他人に手伝ってもらったり、代わってもらったりする人がいるでしょう。

彼らのなかには、仕事に不熱心な人もいるでしょうが、会社をクビになるわけでもなく、当たり前のように毎日を過ごしています。完全主義の人からしたら、いまいましい生き方かもしれませんが、そうやってラクな気持ちで仕事をしている人は、なぜか堂々としています。

できないことを簡単に認める人が困っていないのですから、「やればできる」と頑張っている人が一度くらい手を抜いたところで、周囲も非難するとは考えられません。「めずらしいこともある」と言うくらいです。一度でも「できないものはできない」と認めることができれば、気持ちに余裕が生まれます。その余裕が自信につながっていくのです。

不運は人生の転機となる

大きな不運に突き当たったときも、無理をする必要などありません。

たとえば、病気をして体に無理がきかなくなったとき。「せっかく頑張ろうと思っていたのに」などと、自分の不運を嘆くかもしれませんし、しばらく悩みを抱え続けるかもしれません。

しかし、時間が経てばやるべきことに落ち着くはずです。仕事量を減らして、できる範囲で努力したり、別のもっと負担の軽い仕事に転職したりして、新たなスタートを切ります。大きな仕事ができなくなる、収入が減るなどのマイナスがあったとしても、新しい生活で成果を出していけばいいのです。

不運は、人生の転機となります。

ショックを乗り越え、新しい人生が見つける重要なチャンスといえます。

就職活動に失敗した学生も、そのときは人生に絶望するかもしれませんが、就職に失敗したことを転機として受け入れれば、いくらでも進むべき道を見つけることはできます。

不完全だからこその人生ということを忘れないようにしましょう。

「できない」と認めたとたんに、心に余裕が生まれる

「自分がいないと、みんなが困る」？

「期待されている」は思い込み

「私が少しでも手を抜いたら周囲のみんなに迷惑がかかる」

完全主義の人は、このように思い込んでいます。

自分は期待されていると信じているわけです。よくいえば責任感が強いのですが、悪くいえば「勘違い」をしています。

そもそも他人からの期待は明確に見える化されたり、数値化されたりしていません。そのため、想像でどんどん膨らむ傾向があります。

「この程度じゃみんな納得してくれない」

「もっと頑張れば、上司は認めてくれるはず」

このように想像はエスカレートしていき、細かいところまで気になってしまいます。

「自分は期待されている」というのは単なる思い込みです。思い込みですから、たぶんに間違っています。本当は、たいして期待されていないのに、誤解しているケースが本当によくあるのです。

私は「自分が手を抜くとみんなに迷惑がかかる」「休みたいが、休むと部の仕事が回らない」という人に、いつも次のようにアドバイスしてきました。

「あなたが一日や二日、あるいはもっと休んだとしても、会社は問題なく回りますよ。会社というのはそういうものなんですよ」

実際そうなのです。

会社は一人で動かしているわけではないので、誰かが欠けても他の人のフォローでなんとかなるものです。もともと会社という組織は、そうした事態を折り込みずみで運営されているのですから当然です。それができなければ、簡単に潰れます。

完全主義の人は、この事実に気づきません。というより、認めようとしません。上司から「たまには休んだら」といわれても、かたくなにクビをタテに振りません。

ときには手を抜いてもＯＫ

しかし、完全主義の人も、現実に直面すれば自分の思い込みに気づきます。

たとえば、風邪で高熱を出したり、不調になったりして会社を休んだとき。数日会社を休んで再び出社してみると、意外にも会社はいたって変わらず平常運転をしています。まるで、自分が休んでいた日々がなかったかのようです。

上司も、本人を批判するわけでもなく、ただその日の仕事を与えるだけです。こういった経験をすれば「ときには手を抜いてもいいんだ」と気づくきっかけとなります。今より不完全な仕事をしても周囲の信頼を失うことなどありませんし、職場の仕事は回ります。

「自分はそんなに期待されていない」

「自分がいなくてもなんとかなる」

それはショックな事実かもしれませんが、気がラクになる要素でもあります。

「別に無理をしなくてもいいんだ」と思えば、肩の力が抜けます。

心配する必要はありません。「自分がいなくてもなんとかなる」とはいえ、「あの人がいてくれたらいいな」と思わせる機会はきっとあるはずです。だから、合格点主義でできる仕事に集中すればよいのです。

「自分がいなくてもなんとかなる」といったん認めよう

これからは「不完全」を楽しむ時代

AI時代に起こること

今後、本格的なＡＩ時代が到来します。すでに雑誌などで「ＡＩでなくなる仕事」などの特集が組まれているように、自動運転車が実用化され、画像診断にもＡＩが導入されるなど、あらゆる分野でＡＩが人間の仕事を代替する時代がやってくるでしょう。

そうなると、私たちは根本から価値観を見直す必要に迫られます。完全主義などは古い価値観とみなされるのは確実です。

なぜなら、**どうあがいたところで完全性において人間がＡＩに勝てるわけがない**

からです。

「自分で頑張るよりもＡＩに任せたほうがラク」

というくらいの気持ちで生きていかない限り、精神を消耗するだけです。

実際、日常生活にＡＩが浸透していくにつれ、人間はより「人間らしさ」を追求する時代になると私は考えています。

つまり、美味しいものを食べて楽しんだり、旅行に行ってのんびりしたりするなど、人間らしい行為に価値をおくようになるはずです。きっと、あえてミスを楽しんだり、回り道を楽しんだりする時代もやってくるに違いありません。

ちょっと不完全なところがあるから人間の作ったもののほうが好きだとか、世界で一つしかない「味」があるからだとかで、ものが売れる時代がくるかもしれません。

いつまでも完璧を目指す人は、どんどん息苦しさを感じるようになり、時代に適応できなくなります。ですから、いち早くラクな生き方を獲得すべきなのです。

心身ともに休める人・休めない人

たとえば、あなたは休日をどのように過ごしているでしょうか。

「仕事のために心身ともに休養する日」

「プライベートでの経験を通じて勉強をする時間」

もしかして、このように考えてはいないでしょうか。完全主義の人は、休日もまじめにとらえて過ごしています。自分では仕事から離れているつもりでも、何らかの意味づけをして、本当に心から気を休めているわけではありません。

私はときどき旅行中にマッサージをしてもらいますが、それはただ何も考えずにリラックスするためです。マッサージをしたからといって、何か仕事に結びつけようとか、元を取ろうなどとは考えていません。

何かを求めようとした瞬間から、リラックスできなくなるからです。

休日もこれと同じです。休日は文字通りの「休み」です。

あれこれ意味づけをせず、好きなことに没頭したり、無為に過ごしたりしてよいはずです。

頭を空っぽにして休んで初めて休日らしい休日が成立する。その事実を再確認してほしいのです。もう少し、目的のない無為な時間を楽しんではいかがでしょうか。

「ただただ友だちと楽しくお酒を飲む」
「ゆっくり温泉につかってゴロゴロ寝て過ごす」
「好きな映画を一日中見ている」

そうした行為が、何かにつながらなくてもいいのです。無意味な時間を楽しめることこそが、人間の特権なのです。

「無意味な時間」をもっと楽しんでみよう

第7章

「そうだったのか」思考

「答えは常に変わっていく」思考

時代が移れば常識も違って当然。
大切なのは学び続けることだ

価値観は時代とともに変わる

車の運転が「趣味」になる時代

一昔前と比較すると、今は飲酒運転が厳罰化され、非常に厳しい目が注がれるようになっています。しかし、近い将来に、人間が運転操作を行わなくとも目的地まで運んでくれる自動運転が実用化すれば、飲酒をした人が居酒屋から車で帰宅することが、むしろ安全な帰宅方法として推奨される可能性があります。

高齢者による自動車事故が大きなニュースとなり、「高齢者から自動車を取り上げるべき」というムードの高まりすら感じていますが、これも自動運転により、あっという間に解消する問題です。

GPS（全地球測位システム）を活用した危険予知システムが高度化すれば、交通事故は劇的に減少することになるでしょう。そうしたら、警察官の数も減らせるはずでしょうし、少なくとも交通事故を取り締まっていた人員は、ストーカー被害の対策などに回せるに違いありません。

さらに、**自動運転は、車の運転についての価値観を変えるはずです。**マニュアル運転は特殊な技術となり、一部の競技場などで楽しまれる趣味になると予想されます。今、乗馬を楽しむ人が一部に限られているのと同じ理屈です。

「働きたい者だけが働く」とは？

これは運転に限らず、労働にも同じ傾向が見られるに違いありません。今後AIとロボットの実用化が加速すれば、およそ8割の人が失業する時代が来るといわれています。

そうなったとき、政治的な選択肢は2つあります。

一つは、失業した8割の人を排除して、残りの2割の人が生き残る社会にするという選択肢。もう一つは、**ベーシックインカムのような制度を導入し、8割の人たちを養いながら社会を維持していく**という選択肢です。

仮に後者を選択したならば、働きたい人だけが働く社会、働くことが趣味化する社会が到来するかもしれません。

今の世の中では、「働かざる者食うべからず」（これももともとはレーニンが富裕者の不労所得を批判して言った言葉なのですが）という考えを持つ人が大多数でしょうが、いずれ「働きたい者だけが働く」といった言い回しが使われる時代になってもおかしくないはずです。

時代は大きく変化するのに、その変化をまったく予知できない人ばかりなのは、いったいどうしたことなのでしょうか。

生産と消費が逆転すると、どうなるか

私は昨今の生活保護バッシングの風潮に危機感を覚えています。それは、時代の変化に逆行しているように思えるからです。

前述したセブン＆アイ・ホールディングス名誉顧問の鈴木敏文氏は、「生産と消費の逆転」という切り口から、時代の変化を指摘しています。

有史以来、人類は消費に対して生産を間に合わせるための努力を続けてきました。生産性を向上させることで、人口を増やし続けてきたわけです。そして、１９９０年代の半ばに、人類の生産はついに消費に追いつきました。生産が過剰になると、どの国も輸出をして外貨を稼ごうとします。ところが、どの国も生産が過剰ですから、モノを作れば売れる時代はすでに終わっています。

そこで求められるのは、消費者のニーズをいち早くつかむ力です。

これ以上、生産性の向上を追求するより、消費者の嗜好に合わせて生産するほうが重要となるわけです。

鈴木氏が、セブン－イレブンで行ってきたのは、まさに消費者のニーズをつかむための実験だったといえます。

さて、生産が消費を追い越したという事象を、もっとマクロの視点から俯瞰《ふかん》してみましょう。生産が過剰なら、消費を増やせばいいという発想も成り立つはずです。

たとえば、働かないで消費を担う生活保護受給者や高齢者の存在を尊重すべきなのかもしれません。

今そんなことを主張すれば、批判されるのはわかっています。99パーセントの人は、そんな発想は想像すらできないことでしょう。

しかし、大多数の人は生産が足りなかった時代の発想から抜けきれていないと思います。生産が消費を追い越したなら、経済政策を大きく転換する必要があります。

そうやって答えは時代とともに変わります。

というより、変えないといけないはずです。

一つの価値観にしがみついていてはいけない

「身近な健康常識」も常に変わっていく

マーガリンは健康食品だった

世の中には、ある時期まで正しいとされてきたことが、時代とともに覆《くつがえ》されることが多々あります。たとえば、**かつてマーガリンは、動物由来のバターなどよりも健康的だと評価されていた時期がありました。**

それが今ではどうでしょう。

マーガリンに含まれているトランス脂肪酸の害が知られるようになり、すっかり不健康な食品として敬遠される傾向が定着しています。

トランス脂肪酸を多く摂取すると、心疾患のリスクが高まることがデータで示されるようになったのです。2015年に、米食品医薬品局（FDA）は、トランス脂肪酸の原因となる油脂の使用を3年後までに全廃すると発表しています。

このように、**健康常識も、あっけなく変わることがあります。**

研究が進んだ結果、それまでの健康常識が覆されるのならまだ理解できます。

しかし、日本では、大学医学部の教授の権力が強いせいで、ある教授が一線を退くまでの間は、間違いが科学的に証明されていることであっても、正しいとされ続けるおぞましい事実もあるのです。

医学の進歩が常識を変える

現在、コレステロールが低いよりは高いほうが長生きできるというデータも出てきているにもかかわらず、いまだに日本内科学会では「コレステロールは下げたほうがいい」という見解を崩していません。

しかし、日本内科学会で現在、力を持っている教授たちが引退したら、おそらく

「コレステロールは高いほうがよかった」という雑誌記事を医者たちも認めるようになり、「コレステロールは高いほうがいい」と患者さんたちに説明するようになるでしょう。私には、そんなうんざりする未来が手に取るように見えます。

また今後、iPS細胞が実用化されれば、医学の常識は劇的に変化するはずです。iPSが再生医療に使われ、病気になった細胞を回復させることができるとして、何が起こるでしょうか。たとえば、動脈硬化を起こしている血管が再生されれば、動脈硬化が治るという理屈が成り立ちます。再生治療が当たり前になれば、わざわざ節制しなくてもよい、という健康常識が成立するかもしれません。

今は「動脈硬化をいかに起こさないか」が健康の常識となっていますが、その常識が未来永劫続くとは限りません。

答えは常に変わっていくことを肝に銘じる必要があるのです。

健康の知識も時代とともに変わっていく

常に「新しいことを勉強する人」が強い

考え方が変わるのは当然

答えが常に変わっていくなかで、重要なのは、過去の主義主張に固執せず、自分の考えを柔軟に変えていく姿勢です。

たとえば、私はかつて『受験は要領』というタイトルの本を出版し、いかに勉強を手抜きして効率的に合格するかのメソッドを伝えてきました。

「そんな人間が、ゆとり教育の批判をするなんて矛盾している。和田は節操もなく変節する人間だ」

というお叱りを受けることもあります。

しかし、私が受験勉強の本を最初に執筆したのは、1980年代後半のことです。当時は、まだ受験の競争がはげしく、子どもたちの学力も高かった時代です。今のように、ほぼ無条件で入学できるような大学が増えている時代とは、背景がまったく異なっています。

1980年代当時、日本の中学生の学力は世界トップレベルでしたが、今では凋落する一方です。 私に言わせれば、このように状況が一変しているにもかかわらず、同じ主張を続けているほうがどうかしています。

40年前の東大生が優秀とされる不思議

私が東大に入学したのは40年近くも前のことです。にもかかわらずいまだに、「和田先生は東大の医学部卒だから優秀ですね」と言われることがあります。それも、一人や二人ではありません。

たしかに40年前の私は、同年代の人間の中で学業が優秀だったとはいえます。しかし、もう40年も前の話です。今、「和田先生は頭が良いですね」と褒められるなら嬉しく感じますが、40年も前の学力を褒められても、困惑するだけです。

ところが、世の中にはいつまでも過去の学歴をひけらかす人がいます。

いい年をした大人が学歴をひけらかすのは、「俺は昔はモテた」と自慢しているようなもので、かなり恥ずかしい振る舞いです。

昔の学歴をひけらかすのは、「今の自分は頭が悪い。勉強をしていない」と言っているのと同じようなものです。

新しい理論を常に勉強しよう

私が日本で精神分析を学び始めたころは、フロイトなどの古典的なテキストを読まされた記憶があります。ところが、アメリカに留学したら、当時の一流の精神分析家たちは古典よりも最新の理論を熱心に学んでいました。

彼らにとっては、最新の理論を使って治療することが重要であって、古典を読むのはただの教養としての価値しかなかったのです。

残念ながら日本の精神分析学会では、いまは英語の論文を書いたこともなければ、留学経験もない人たちが中枢を占めています。これでは最新の理論についていけるわけがありません。

医学部の教授も医師も、一度その地位につくと、その資格を失うおそれはありません。そのせいか、昔熱心に勉強していたころの学説を後生大事にして、同じことをオウムのように繰り返しています。

しかし、本来は時代の変化にともなって答えは変わります。答えが変わると思うからこそ、常に勉強をするというのがあるべき姿勢ではないでしょうか。

過去にしばられず、新しい答えを求めて、勉強を続ける。多くの人がそうあってほしいと、私は願っています。

常に「新しい答え」を見つけるために勉強を続けよう

「新しいアイデア」を出せる人

大切なのは「こんなものが欲しい」という発想力

技術が進歩した現代においては、「こんなものをつくってほしい」というイメージが明確であれば、多くの技術者が実現できてしまう、という話を聞いたことがあります。

そうなると技術自体が差別化の要素とはなり得ません。優れた技術者がいる会社が勝つ時代が終わり、「こんなものをつくってほしい」と技術者に注文できるようなアイデアにすぐれたリーダーのいる会社が勝つ時代になっています。

その代表例が「アップル社」です。スティーブ・ジョブズは技術者ではなく、未来に必要とされる製品のイメージを思い描けるという点で優れた才能の持ち主でした。

よく、「白物家電の時代は終わった」という話を耳にします。

たしかに、テレビの画質をこれ以上高めても仕方がないのは事実です。その意味では、既存の白物家電は頭打ちとなっています。

けれども、これまでになかった白物家電をつくれば、売れる可能性はあります。

たとえば、私が商品開発部に勤務していたならば、家の中の探し物を見つけ出す機器を企画すると思います。今の技術を活用すれば、商品を購入したときに、それぞれの形状を記憶させておき、部屋の中にあるものと照合して知らせてくれるようなシステムをつくるのは難しくないと思うのですが……。

ちなみに、私が**今すぐにつくってほしいと思うのは、自動販売機の缶コーヒーに厚紙を巻いてくれる仕組みです。**よく、コーヒーショップのテイクアウトでカップについてくるような、あの厚紙です。厚紙つきで缶コーヒーを提供すれば、もっと熱々のコーヒーを提供できるはずです。そのうえ、今のように手がやけどしそうなほど熱い缶を持つ必要もありません。ともあれ、日常のなかで「こんなものがあればいい」と発想できるような力が重要です。

主婦こそビジネスリーダーになるべき

そう考えると、21世紀は女性がリーダーとなる時代だと思います。

「つくれば売れる」時代は、ひたすら長時間働ける人材が重宝されました。比較的体力があって生産性の高い男性がリーダーとして尊重されたのもうなずけます。この時代にリーダーとなる女性は、男性のようにタフなタイプと相場が決まっていました。

ところが、モノが売れなくなってくると状況は変わります。

生産過剰の時代は、生産性の高い人材よりも、消費者の心をつかめる人材の価値が高まります。つまり消費の中心を担ってきたどちらかといえば女性らしい女性がリーダーとして尊重されるというわけです。

これからは、**ハーバードビジネススクールで学んだような女性よりも、一度結婚・退職をして子育てを経験した主婦のような人材が、リーダーとして力を発揮するはず**

です。

「こんなものがあったら買うけどな」と提案できるような在宅勤務者の主婦が社長になっても、けっして不思議ではありません。

「仕事」というと、週5日通勤、遅くまで残業、夜は飲み会……というイメージを引きずっている人もいるかもしれません。しかし、現役の主婦がリーダーになれば、家庭にいながらでも仕事できるようになるでしょう。

たとえば年に1回ヒット商品のアイデアを出せば、会社に億単位の利益をもたらすことができるとなれば、年に1回アイデアを出すだけの人が社員として活躍する可能性だってあります。

時代が変われば、価値も変わるということを忘れてはいけません。

ビジネスの答えも、時代とともに変化していく

第8章

「そうだそうだ」思考

「ちゃんと調べる」思考

誰だって間違うことはある。
疑ってかかるくらいでちょうどいい

人間には他人と同調する習性があるから

「空気を読め」という圧力

「同調圧力」という言葉があります。同調圧力とは、集団のなかで、少数意見を持つ人が、多数派と同じ意見を持つように暗黙のうちに強制されることです。少し前によく使われた言葉でいえば、「空気を読め」という無言の圧力です。

とくに日本社会では「同調圧力」が強いとされています。

たとえば、みんなが一人の政治家や芸能人をバッシングしているとき、表立って擁護する発言をしにくい雰囲気があります。サッカー日本代表が試合をしているときに、「日本なんて負ければいいのに」とは言い出しにくい空気もあります。

そもそも、独自の意見を主張しにくいのが日本社会です。

私がこの本でこれまで語ってきた内容についても「そんなに日本が嫌ならば日本から出ていけばいいのに」と思う人がたくさんいることでしょう。

圧力がなくても同調してしまう理由

無言の圧力がかかると、みんながイエスと言っているなかで、一人だけ「ノー」とは言い出しにくくなる。これが同調圧力ですが、一方で、**人間には、圧力をかけられているわけでもないのに、他人に同調してしまう習性があります。**これを実験によって証明したのがソロモン・アッシュというポーランド出身の心理学者です。

アッシュを有名にしたのは、1955年発表された同調に関する実験です。この実験は以下のような手順で行われました。まず、実験室に8人の被験者が集められます。実はこの8名のうち、7名が「サクラ」であり、純粋な被験者は1名だけ。

8名に対して二つの図版が提示されます。一つの図版には1本の線が描かれていて、もう一つの図版には長さが異なる3本の線が描かれています。
この3本の線のなかで、1枚目の図版に描かれている線と長さが同じものがどれかという質問が被験者に対してなされます。なお、線の長さは明らかに異なっているので、誰もが簡単に正解を答えることができます。
実験の結果、サクラの全員が正解を答えると被験者も自信を持って正解を選ぶことができたのですが、サクラが不正解を選ぶと、被験者も不正解を選ぶ傾向が見られました。
約三分の一の確率で、被験者がサクラに同調して不正解を選んでしまうことがわかったのです。

みんなが間違った答えを「そうだそうだ」と言っていると、本当の正解を選ぶ自由があるにもかかわらず、つい不正解を選んでしまう。これが人間の習性です。

まずは、人間は同調しやすい生き物だということを理解しておく必要があります。

人間は、「間違った答え」でも信じてしまう傾向がある

人は信じろ、情報を疑え

二大ベストセラーが教えてくれること

奇しくも同じ東大の医学部を卒業した著者による戦後の大ベストセラーが二冊あります。一冊は『「甘え」の構造』（土居健郎、弘文堂）であり、もう一冊は『バカの壁』（養老孟司、新潮新書）です。

興味深いのは、二冊がまったく逆の主張をしているように見えるところです。

『「甘え」の構造』に書かれているのは、人が他人に甘えられないのはよくない、というメッセージです。

甘えることができないから、人はすねたりふてくされたりするのであり、**お互いに**

甘えることが潤滑油となって発展してきたのが日本社会であると分析した、代表的な日本人論でもあります。

『「甘え」の構造』は、人の好意を素直に信じて甘えることの意義を説いています。その意味で、性善説的な本であるといえます。

一方で、『バカの壁』はまったく逆のアプローチから人間関係を解き明かします。**『バカの壁』は、「話せばわかる」「人間は通じ合える」のは大嘘であると指摘します。**

人はそれぞれ認知のバイアスがかかっているため、自分の言葉が額面どおり相手に伝わると考えるのはおめでたすぎる発想だ、というのが養老先生の主張です。

人間同士は理解し合えない、お互いに相手のことをバカだと思っている——それを聞く限り『バカの壁』は性悪説的な本であるように思えます。

人は「善意で」間違いを口にする

しかし、よくよく読めばそうでないことがわかります。

土居先生は「人を信じろ」と言っているのに対して、養老先生は「人を信じるな」と言っているわけではありません。あくまでも「人が発した言葉を信じるな」と言っているだけです。

人間は、悪意を持って嘘をつくことは少ないものです。むしろ、よかれと思って間違ったことを言う傾向があります。自分が信じているからこそ、間違っていても堂々と主張するわけです。

たとえば北朝鮮問題でも、「自称専門家」たちが、まるできのう金正恩にインタビューをしてきたかのような顔をして、北朝鮮の今後の動向について得々と語っています。彼らには話をつくっているという自覚がないはずです。

いい人もウソの情報を言うことがある

私が二冊のベストセラーから学んだのは「人は信じろ、情報は疑え」という生き方の鉄則です。どんなにいい人であっても、間違ったことを口にする可能性はあります。だから、人ではなく情報を疑えばいいのです。

世の中では、人の言うことを信じる人のほうが、かえって余計な疑いを持つというパラドックスが起こります。

たとえば、上司や同僚が「Aさんは最低の人間だ」と言っているのを耳にしたときに、情報を疑わずに素直に受け止めた結果、実際に確認することもないまま、Aさんを疑いの目で見てしまいます。

本来であれば、「あの人はAさんを悪く言っていたけど、本当にそうなのか、ほかの人からも意見を聞いてみよう」となってしかるべきです。これが情報を疑うという態度です。

ナイーブな人はバカにされる

ナイーブ（naive）は、もともとはフランス語で「だまされやすい人、うぶな人」という意味を持つ言葉です。ところが日本では「純粋で繊細な」という良い意味で用いられています。

おそらく日本人が海外で「あなたはナイーブだ」と言われ（つまり、「お人好《よ》しにもほどがある」と馬鹿にされたのを）、「優しくて繊細ということですよ」などとごまかされ、そのまま信じ込んだ結果、誤訳が定着したのではないか、と私は推測しています。

ナイーブの誤訳が定着しているという事実そのものが、日本人のナイーブさを物語っているような気がしてなりません。

ナイーブな人間はバカにされ、カモになるだけです。繰り返しますが、情報を疑う態度を持つ必要があります。

どんな人でも間違った情報を口にすることがある

「権威」の言うことを、信じてはいけない

ノーベル賞受賞者＝教育の権威？

まず、権威に対する「ナイーブさ」を捨ててください。

たとえば、日本ではノーベル賞を受賞した科学者が教育問題の審議会のトップの座につくことがあります。不思議なのは、マスコミが「あの人は研究者として優れているだけで、教育の専門家でもないのに、どうして教育行政で決定権があるのだ」と批判をしないことです。当の受賞者も、「私は教育行政に詳しいわけではないので」と辞退するでもなく、喜々としてお膳立てされたポジションに就《つ》こうとするのは、いったいどうしたことでしょう。

マスコミは、ノーベル賞を受賞したとたんに、その研究者が全能者であるかのように扱います。国民の多くも、お祭り騒ぎでもてはやします。そして何の定見もないまま教育行政に関与し、思いつきの発言で子どもたちの大事な未来を左右するのです。

冷静に考えてください。野球で超一流の成績を残したからといって、イチロー選手にサッカーの監督をさせようとする人はいないはずです。

「権威」を信じすぎるのはリスクが高い

ところで、「日本の科学技術が中国を圧倒している」と言うときには、ノーベル賞の受賞歴が引き合いに出されます。ただし、ノーベル賞は、20～30年近く前の業績に対して与えられる栄誉です。つまり、20～30年前の日本の科学技術が中国を圧倒していた、というだけの話であって、今の技術差を示す材料とはなりません。

現実に、海外の一流雑誌における学術論文の掲載数でいえば、すでに中国はアメリカと肩を並べており、日本はすでに後塵を拝しています。10位の日本は、とっくに中国に追い抜かれているのです。

話を元に戻します。ノーベル賞学者の言うことだから、東大教授の言うことだからといって、全面的に信じるのは危険すぎます。

東大教授のなかにも、教授になってから一本の論文も書かず、新しい学問を学ばないまま地位にあぐらをかいている人がいます。

海外では、教授の地位に就くことが研究のスタートラインですが、日本では教授になることがゴールとなっています。**むしろ准教授のほうが熱心に勉強をしています。**しかし、教授のほうに権威があり、周囲もそれを信じるため、発言力も大きくなっているだけです。

大学教授や研究者が言っているからといって、正しいとはかぎりません。権威のある人からもっともらしい話を聞いたときに、「そうだそうだ」「なるほど」とすぐ納得するのではなく、他の学説がないかを調べてみる姿勢が重要なのです。

えらい人の言うことでも、一度は疑ってみる

大人になってから勉強をやり直す価値

なぜ「日本の大学」は海外で不人気なのか

教育は、小学校で行われる「初等教育」、中学・高校の「中等教育」、それに続く大学などの「高等教育」に大きく分かれます。初等・中等教育では知識を詰め込んだり、技術を身につけさせたりすることに重きを置くのが世界のトレンドです。

世界の教育施策は、もとはといえば、日本の教育制度にならったものです。日本の初等・中等教育は、イギリスやアメリカ、アジア各国の教育の見本として世界から高い評価を受けてきたのです。

問題なのは、日本の「大学教育」です。日本では、大学入学後も、初等・中等教育の延長で詰め込み式の教育が行われます。結果として、「知識をたくさん持っている人＝賢い人」とみなされるようになっています。

クイズ番組などを見ていると、難読漢字の読みを正解できたり、海外の偉人の人名を知っていたりする人が「インテリ芸能人」としてもてはやされているのも同じ理屈です。

けれども、**諸外国では、高等教育においては「ものの考え方」を学ばせています。**

これまで詰め込んできた既存の知識を疑ったり、他の学説を調べたりして自分の考えを主張するための教育に重きを置いているのです。

日本の大学に留学生が集まらない、日本の大学は世界的にランクが低いといわれるのは、実はこのような教育スタンスの問題に原因があると私は考えています。

「そうだったのか！」で終わりにしない

たとえば、池上彰さんのわかりやすいニュース解説は、お茶の間の人気を博しています。番組名や書籍のタイトルにも用いられているように、池上さんの解説は「そうだったのか！」と膝を打つようなものとして受け入れられています。

私自身も、池上さんの解説は非常にわかりやすいと思いますし、豊かな知識には感心しています。

ただし、**情報を受け取る側が「そうだったのか！」でとどまっている限り、中等教育の域を出ないのではないかと思います。**大学まで卒業していて「そうだったのか」は、あんまりです。

本当の意味で高等教育を受けた人であれば、池上さんの解説を聞いて「そういう説もあるけど、他にも説があるかもしれない」などと考えたり、自分で調べたりするはずです。

独学で「高等教育」をやり直そう

自分の意見を持って主張できる人材を育てるために、大学入試に面接やＡＯ入試を導入するという主張がありますが、はなはだ疑問です。

たとえばハーバード大学ではアドミッションオフィスのスタッフが面接を行い、大学教授に楯突《たてつ》くようなタイプの学生をあえて入学させる仕組みがあります。教授の言いなりになりそうな学生よりも、教授を批判できるようなタイプの人材を入れたほうが、議論が深まって学問が進歩すると認識しているからです。

一方で、日本の大学入試で試験官の役割を担うのは大学教授です。大学教授がわざわざ自分にはむかうような学生を合格させるとは到底思えません。

残念ながら大学などで高等教育を学ぶチャンスがなかった人は、今からでも遅くありません。

独学で、高等教育をやり直すべきです。

たとえば、ニュースで「高齢者の自動車運転が危険である」「少年犯罪が増えている」などと耳にしたときに、「そのとおりだ」と納得せず、自分で調べてみる習慣をつけるのです。

インターネットを使えば、ものの数分で調べられることはたくさんあります。

どれが正解かわからなくても、少なくてもいろいろな学説があることくらいはわかるはずです。

もちろん、書籍などを読んでさまざまな視点から理解を深めるのもよいでしょう。SNSなどを通じて発信するのも賛成です。

「門外漢だから」などと萎縮する必要はありません。本来、誰がどんな立場から発言してもよいのですから。

池上彰さんの解説を耳にしたときも、あくまで標準学説がわかったというだけです。他の学説がないかを調べてみるのが大人のリテラシーだと私は思います。

一つの説を聞いたら、他の説がないかを確認してみよう

第9章

「過去がどうか」思考

「今がどうか」思考

過ぎたことは誰にも変えられない。
未来のシナリオは自分しだいだ

過去は変えられないが、未来はどうにでもなる

「人生のシナリオ」は無限にある

たとえば失恋したときや事業に失敗したときなど、誰にでも気持ちが落ち込んでどうにもならないような時期があります。

「もう、あんな素敵な人とは二度と出逢えないだろう」

「自分の人生はもうおしまいだ。今さらやり直しなんてできるはずない」

袋小路に追い詰められたような気分になり、絶望感から抜け出せなくなります。

しかし、**実際のところ、人生には何万通りものシナリオがあります。**過去のシナリオはたった一つだけであり、それはどう頑張っても変えようがありません。

しかし、未来の可能性は無限です。本来、どんなシナリオを書いても自由なのです。たとえば、駅まで歩くときにAの道を行くか、Bの道を行くか。これを決断して選ぶことも、人生のシナリオを書いていく行為の一つです。

Aの道を選ぶことで、たまたま高校時代の同級生と再会して、新しい交際に発展するかもしれない。そこまで劇的なことが起きなくても、人生にはいくらでもシナリオがあって、未来は自分しだいで変えることができる。そのためには今の自分の行動に目を向けるべき。まずは、それを知っておく必要があります。

今、頑張ることが大切

仮に東大合格をゴールとするなら、開成高校を卒業しようが、別の高校を卒業しようが、東大に合格すればどちらの過去も正解といえます。開成中学を目指して受験に失敗した生徒は絶望的な気持ちになるでしょうが、けっして未来が閉ざされたわけではないのです。**私は最下位の成績で開成中学に進学するくらいなら、別の中学校に上**

位の成績で入学したほうがよいと考えています。

もちろん、開成中学で下位の成績から奮起して東大に合格する人もいるでしょうが、なかには下位の成績に落ち込んで、勉強のモチベーションを失ってしまったまま高校生になる人もいます。それなら、別の高校で上位をキープしたほうがモチベーションを維持でき、東大に合格する確率が高まります。

そして、ご存じのように人生のゴールは東大入学ではありません。最終的に幸せになるという目標を達成できるなら、東大を卒業しようが、あるいはまったく別のルートで人生を歩もうが問題はないはずです。東大はあくまで手段であり、目的ではありません。**過去にこだわる人ほど、一つの失敗を引きずり続け、今の自分をおろそかにしがちです。**しかし、過去よりも今を重視することで、いろいろなことにチャレンジしようとする意欲もわきますし、失敗を恐れなくもなるのです。

今に集中すれば、過去はどうでもよくなる

「考え方」が変わってもいい

「自分の発言」に縛られる人たち

過去にこだわる人は、自分の過去の発言や言動にもこだわるあまり、自分で自分を縛りつけがちです。

たとえば、過去に「24時間を仕事に捧げられない人間に大事な仕事は任せられない」などと言っていた人は、親の介護などに直面し、働く時間が制限されるとわかった瞬間、自分の過去の発言に縛られます。

24時間を仕事に捧げられない自分は価値がない、と考えてしまうわけです。なかには仕事と介護の両立をあきらめ、退職を選ぶ人もいます。

しかし、時代は変わっています。

今後、団塊世代の多くが後期高齢者になると、要介護となる人の数は増加するのが確実視されています。その子どもたちがいちいち親の介護などで退職していたら、会社の仕事は回らなくなります。

そのため介護リスクに備えて各種制度を充実させる企業も増えています。もう少しすれば、当たり前のように介護と仕事を両立する人が増えるはずです。

時代とともに働き方や価値観は変わるのです。

過去にこだわって、自分の生き方を窮屈にする必要などありません。

ビートたけしさんの鋭い発言

若い人の多くは、寝たきりの高齢者を見て次のように言います。

「寝たきりになってまで長生きしたいとは思わない」

「自分にはそこまで生に執着する考えはない」

けれども、実際に自分が寝たきりの状態になったら、それでも生きていたいと、大半の人が思うはずです。

私があるテレビ番組でビートたけしさんと共演したとき、たけしさんが次のように語っていたのが印象的でした。

「先生よぉ、寝たきりになってまで生きてたくねぇっていうのは嘘だよな。だって、うちのばばあは、『寝たきりになったら、たけしが私のことを殺してくれ』なんて言っていたくせに、いざ本当に寝たきりになったら『たけし、ちゃんと医者の先生にお礼を包んでるか？』って聞くんだよ」

オチのある笑い話ですが、人間の本質を鋭く指摘しています。おそらく実際にお母さんとの間で似たようなやりとりをしたのでしょう。

私も、「本当にそのとおりですね」とうなずいたのを記憶しています。

人の想像力などというのは、限界があります。

自分が高齢者になったときのことなど、想像するのは不可能であり、実際に高齢者になったら、今の自分が思いもよらない主張をするかもしれません。

このように人の意見など、時代や年齢によって大きく変わるものですから、いちいち過去の発言に縛られなくてOK。**過去は過去、今は今。そのスタンスでいたほうが、平穏に生きることができます。**

年齢に応じて「考え方」が変わるのは当たり前のこと

「肩書き」に振り回されない

権威を「ありがたがる」人たち

過去にこだわる人は、肩書きにこだわります。東大卒の人は、何十年たっても無条件に頭がいいとみなすのが典型例です。

学者の世界で、社会的な権威として名高いのは、なんといってもノーベル賞です。日本では、ノーベル賞の受賞者が出た瞬間から、その研究者に絶大な権威を与え、ひたすら英雄視します。

もちろん、受賞に値する研究をしたのだから、研究に光が当たって評価されるのはよいことです。一方で、受賞後はこれといった研究結果を発表せず、過去の栄光にすがって生きている研究者がいるのも事実です。

すでに研究者としては権威と情熱を失っているにもかかわらず、「ノーベル賞受賞者」というだけでいつまでも賞賛されるので、本人は不勉強でも居直ります。

それどころか、ノーベル賞学者という「権威」を振りかざして、あたかも万能者であるかのように教育や行政にも堂々と介入する例もあります。

しかし、**仮にノーベル賞学者が週刊誌で不倫疑惑を報じられたら、一転して世論のバッシングの嵐に遭うはずです。**

「権威あるノーベル賞の受賞者が、不倫とはけしからん」

などと、面白おかしくテレビのワイドショーが連日報道するのではないでしょうか。本来は、研究者の人格に問題があっても研究の価値自体は揺らがないのですが、世間はそう受け取りません。

みんな研究の内容などどうでもよく、ただ権威だけを問題にしているのです。

肩書きよりもデータを信じる

大学教授も、教授になるまではそれなりに研鑽《けんさん》を積んでいるのでしょうが、教授になってからは地位にあぐらをかいてしまう人がいます。
数十年も経つと目も当てられないほど知的に退化してしまう――。そうした大学教授の肩書きを信じるほうが愚かです。

肩書きを信じる人は、肩書きだけを見ています。だから、肩書きを持つ人の主張がすべて正しいものとなり、肩書きを持たない人の主張は俗説だとみなします。
逆にいえば、世の中で立派な肩書きのある人は、大した根拠もなく「俗説」を堂々と論じています。データが間違っていても権威があるというだけで信じる人たちに支えられているからです。

これに対して、肩書きのない人が自説を主張するためには、きちんとしたデータを用意する必要があります。結果的に、肩書きを持たない人のほうが、データに基づいて物事を論じているケースが多いというのが私の実感です。

重要なのは、権威にまどわされず、自分で正しい情報を調べることです。病気になったときにはセカンドオピニオンを取る、自分で知り合いの医療関係者から話を聞くなど、できることはあります。

少なくとも、東大医学部教授の肩書きよりも海外の臨床医学の雑誌に掲載されている論文のほうがあてになるに決まっています。

世の中では何を言ったかよりも、誰が言ったかが重要視されます。

しかし、誰の発言であっても、間違っていると思ったら、自分なりに裏づけを取る必要があるのです。

肩書きで人を判断するのは間違いのもと

プライドを捨てたら人生は身軽に！

「青島幸男」という才能

若い読者には知らない方もいるかもしれませんが、私が子どものころからの文化人で、スター的な存在だった人物の一人に、青島幸男という人がいました。

青島幸男は早稲田大学を卒業して、開局間もないテレビ業界で放送作家としてのキャリアをスタートさせます。

青島は、『おとなの漫画』『シャボン玉ホリデー』といった人気テレビ番組の構成を手がけ、自らも番組に登場し、「青島だァ！」のギャグで人気者となりました。

青島はとにかく多彩な才能を持っていました。作詞家としても活躍し、植木等の歌で一世を風靡したヒット曲『スーダラ節』を作詞したほか、初めて執筆した小説『人間万事塞翁が丙午』で直木賞を受賞。テレビドラマ「意地悪ばあさん」で主人公のおばあさんを演じるなど、俳優としても活動し、映画の製作・脚本・監督・主演をこなすなど、超マルチタレントとして時代を牽引《けんいん》していたのです。

もう一度「意地悪ばあさん」にカムバック

実は、青島のキャリアはこれにとどまらず、1968年には参議院議員選挙に立候補し、見事当選。タレント議員のはしりとして政治活動に携わる一方、テレビの情報番組の司会者としても長年活躍を続けていました。そして彼は1995年に参議院議員を辞職して、東京都知事選に立候補。当選を果たし、開催が予定されていた世界都市博覧会を中止するという、出馬前に掲げた公約を実行しました。

都知事としての青島の評価は総じて低く、1期4年で退くまで、これといった成果は残していません。ただ、**私が感心したのは、都知事を退任した後の彼が、ふたたび**

テレビドラマ「意地悪ばあさん」に出演し、俳優としてカムバックしたことです。

当時、私の妻が「都知事を辞めたら、意地悪ばあさんに戻ればいいのに」と話していたのですが、本当に実現するとは思わず、思いのほか感動したのを覚えています。

過去にしがみつかない潔さ

青島幸男の経歴にふれてきましたが、私が感心したのは、彼が都知事をキャリアの集大成としなかったことです。

彼の晩年の試みは、成功したとはいえないものが多かったのですが、**少なくとも最後まで何かをしようとしていました。**若くして成功しながら、何もやりたいことがない寂しい晩年を過ごした人より、彼のような生き方に、私は共感を覚えるのです。

過去にこだわらなければ、いつでも再チャレンジできる

おわりに

本書に最後までおつきあいくださいまして、ありがとうございます。

おそらくは多くの読者の方は最初から最後まで読んでいただいて、このおわりににたどり着いたことでしょう。

著者としては大変嬉しいことですが、実は本書の精神を考えると、本は自分にあてはまりそうなところや役立ちそうなところ、自分が変えられそうなことだけ読んでいただいても充分だと信じています。

小説と違って、実用書は最初から最後まで読まなければならないという思い込みからラクになってもらうほうが、多くの本にふれることができます。

本書の内容に反感をもったり、納得できない人もいるでしょう（アマゾンの書評などでそれを痛感します）。でも、そんな人にも、1割でも2割でも同意できることや、役立ちそうなことがあるはずだと、私は信じています。

本書は自分への戒めのつもりで書いたところもあり、私が完全にこの思考パターンを体得していると思われたなら、それは誤解なのです。


この9つの思考法は、私にとっても努力目標です。

でも、常にするようにはしています。


本書に書かれたことで役に立つことはない、この手の思考はできているという方がいらしたら、私は尊敬します。でもそういう人は同時に、自分のことが見えていないことも危惧します。


もちろん、人それぞれの生き方も否定はしません。

「わかっていけどそれができないんだ！」という人もいれば、「自分のやり方、考え方でうまくいっているのだから、それでいいわ」という人もいるでしょう。

私にしても、数学ができる受験生に、あえて暗記数学をやれなどとは言いません。

同様に、今の生き方で満足している方に、文句を言うつもりはないのです。

要するに本書は、人に生き方を押しつける本ではありません。

少しでも今後の人生に役立ててもらうために、私のこれまでの人生経験や精神科医としての経験からヒントを並べた本です。

受験勉強法の本でも言っていることですが、自分の信者になってほしいというより、私のやり方が合わなければ、ほかのやり方を試してほしいのです。

ただ、もしもあなたが、今の自分、人間関係、仕事に満足できていないのなら、何かを変えたほうが、人生がうまくまわりだすかもしれません。

なので、本書を使ってほしいのですが、その際に私がもっとも言いたいことは本書でも書いているように、「**やってみなければわからない**」ということです。

読んだときはそうだそうだと思っても、試してみると、思ったより成果が上がらないこともあれば、納得できなかったけど試してみれば意外に役に立ったということもあるでしょう。

ありとあらゆる勉強法や生き方、仕事術の本は、それを実行しない限りは単なる知識で、役に立ちません。

本書をヒントにして、一つでも試してもらって、これまでより少し生き方がうまくいくようになった、幸せに感じられるようになった、ラクになったと思っていただければ、著者として幸甚この上ありません。

和田秀樹

和田秀樹　わだ・ひでき

1960年大阪市生まれ。85年東京大学医学部卒業。東京大学医学部付属病院精神神経科助手、米国カール・メニンガー精神医学校国際フェロー、浴風会病院精神科を経て、国際医療福祉大学大学院教授（臨床心理学専攻）、川崎幸病院精神科顧問、一橋大学経済学部非常勤講師、和田秀樹こころと体のクリニック院長。保育園型英才教育「I&Cキッズスクール」総合監修。

また、映画監督として初作品『受験のシンデレラ』でモナコ国際映画祭最優秀作品賞受賞、続けて『「わたし」の人生』など手掛け話題に。最新作は15歳で性的集団暴行の被害にあった女性の復讐を描いた『私は絶対許さない』。

著書に、ロングセラー『アドラー流「自分から勉強する子」の親の言葉』『「自分から勉強する子」の親の言葉 男子編』『45歳を過ぎたら「がまん」しないほうがいい』『孤独と上手につきあう9つの習慣』（大和書房）、『「いい人」をやめる9つの習慣』『「あれこれ考えて動けない」をやめる9つの習慣』『「忙しい」「時間がない」をやめる9つの習慣』（だいわ文庫）、『感情的にならない本』（新講社）など多数ある。

編集協力 渡辺稔大

「こうあるべき」をやめなさい
「いまある悩みがさっと消える」9つの思考パターン

2018年4月1日　第1刷発行

著　者　和田秀樹《わだひでき》
発行者　佐藤 靖
発行所　大和《だいわ》書房
東京都文京区関口1-33-4
電話 03(3203)4511
ブックデザイン　小口翔平＋山之口正和＋喜來詩織(tobufune)
イラスト　梶谷牧子
本文印刷　信毎書籍印刷
カバー印刷　歩プロセス
製　本　ナショナル製本

 ISBN978-4-479-79642-8

http://www.daiwashobo.co.jp